10대를 위한
세계미래보고서
2035-2055

10대를 위한
세계미래보고서
2035-2055

박영숙 · 제롬 글렌 지음

사회 탐구

교보문고

이 책을 읽기 전에

**지금부터 미래를 먼저 목격할
여러분을 만나게 되어 반갑습니다!**

아주 오래전부터 인간은 끊임없이 미래를 상상했습니다.
120년도 더 전인 1899년에 프랑스의 예술가들은
2000년의 모습을 상상해서 그렸습니다.
청소기, 비행기, 잠수함, 영상 통화 등
당시에는 꿈같았던 일들이 지금은 현실이 되었습니다.

약 60년 전에 미래를 예측한 만화에는
영상 통화로 친구와 만날 약속을 하고,
전기 자동차를 타고 약속 장소에 가고,
집에서 원격으로 수업을 듣는 모습 등이 담겨 있습니다.
모두 현재의 모습과 정확히 일치합니다.

이처럼 우리가 사는 세상은 과거의 사람들이
상상하고 꿈꾸고 실현하려고 노력했던 것입니다.
그리고 **10년 후, 20년 후 여러분은
지금과 완전히 다른 미래 사회에서 살고 있을 것입니다.**

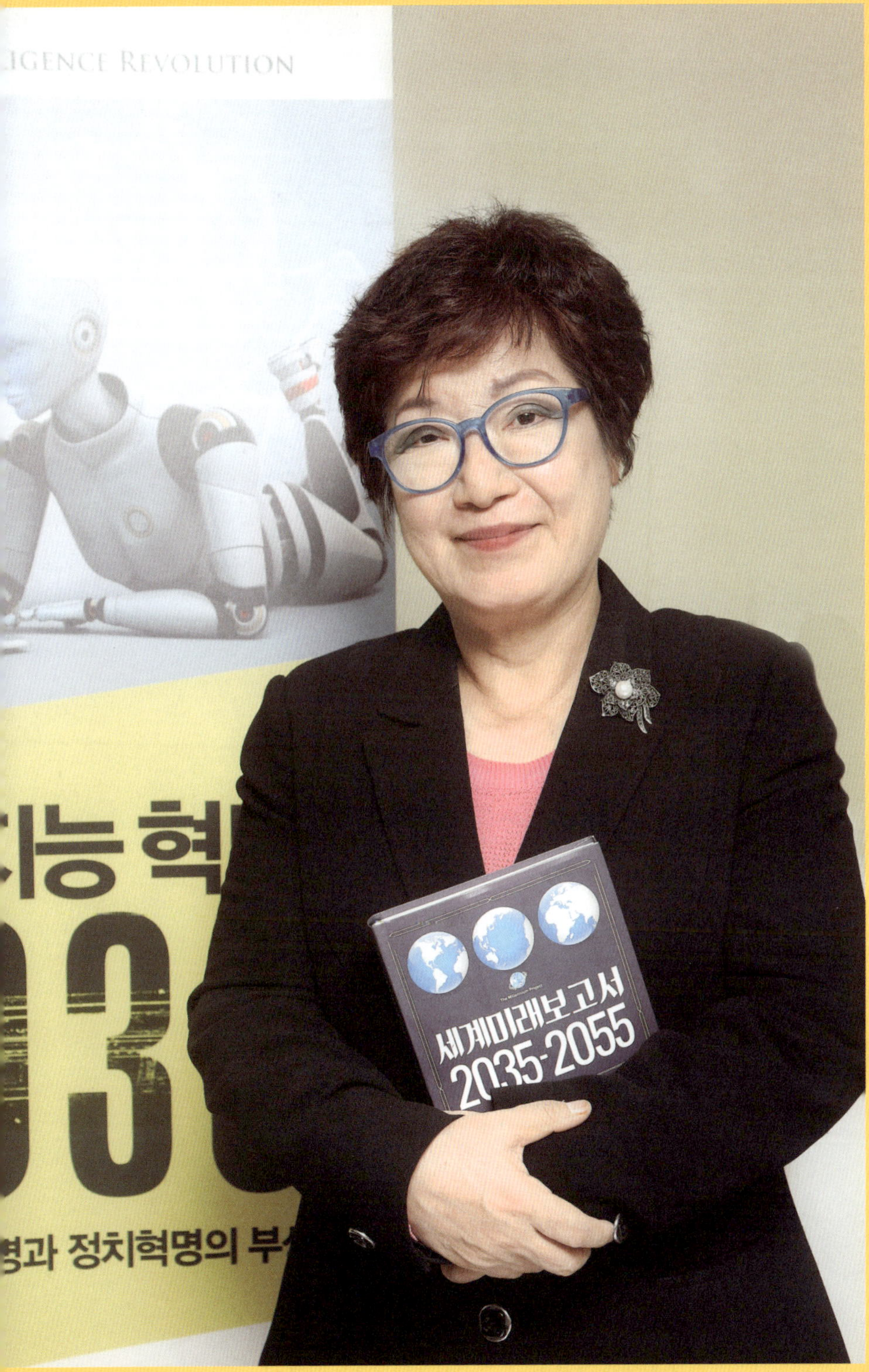
REVOLUTION
세계미래보고서
2035-2055

어느 날 미래를 볼 수 있는 능력이 주어진다면
여러분은 선택하겠습니까?

이 책은 앞으로 우리가 경험할
세상의 모습을 먼저 보여줍니다.
놀라운 기술인 인공지능과 로봇, 자율 주행과 하이퍼루프,
트랜스 휴먼과 대체 식품 등에 관해 이야기합니다.
현재 개발된 첨단 기술에서부터
앞으로 개발 가능성이 있는 분야에 이르기까지
여러분의 상상력을 한껏 자극할 것입니다.

발전의 속도는 시간이 갈수록 더욱 빨라집니다.
이 책은 롤러코스터보다 빠른 변화의 세상에서
여러분이 넘어지지 않도록 안전벨트가 되어주고,
길을 잃지 않도록 앞을 비춰줄 것입니다.
**이 책을 모두 읽고 난 뒤 여러분은
'미래 목격자'가 될 것입니다.**
그리고 미래에서는 여러분을
세상을 변화시킨 사람이라고 부를 것입니다.
여러분의 미래는 오늘에 달려 있습니다.

— 박영숙·제롬 글렌

"미래를 바꾸는 중요한 아이디어는 너무나 놀라워서
사람들에게 우스꽝스럽게 보일 수 있다."
— 세계 미래학회 회장 짐 데이토(Jim Dator)

차례____

이 책을 읽기 전에　　　　　　　　　　　　　4

1. 모든 물건이 스마트폰이 되는 세상　　12
미래학자가 들려주는 사물 인터넷 사회　　16
: 먼지보다 센서가 더 많은 세상

2. 2044년 올림픽 현장으로　　24
미래학자가 들려주는 로봇 사회　　30
: 2050년, 인간보다 로봇이 더 많아진다

3. 나의 인공지능 친구를 소개합니다　　38
미래학자가 들려주는 인공지능 사회　　44
: 인공지능은 제2의 전기

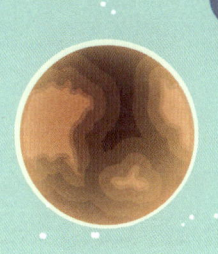

4. 내 몸 안에 의사가 살고 있다   50

   미래학자가 들려주는 나노 사회   54

    : 우리 몸에 작고 똑똑한 로봇 수십억 개가 들어온다면

💡 생각해 보기   인공지능과 로봇 편 • 61

5. 저절로 움직이는 자동차   62

   미래학자가 들려주는 완전 자율 주행 사회   66

    : 자동차 속에 모든 것이 들어간다

6. 자동차에 날개가 생긴다면?   72

   미래학자가 들려주는 비행 자동차 사회   78

    : 자동차도 됐다가, 비행기도 됐다가

7. 비행기보다 빠른 자동차　　　　　84
미래학자가 들려주는 하이퍼루프 사회　　88
: 1일 생활권에서 1시간 생활권으로

8. 달나라로 수학여행 가자!　　　　　96
미래학자가 들려주는 우주여행　　　100
: 놀이공원 대관람차 같은 우주 호텔

생각해보기 **미래 교통 편** • 105

9. 우리가 살고 있는 세상은 진짜일까?　　106
미래학자가 들려주는 디지털 트윈 사회　　110
: 기계가 되어 영원히 살 수 있는 세상

10. "나는 인간인가, 기계인가?"   118
미래학자가 들려주는 트랜스 휴먼 사회   122
: 세상에서 가장 위험한 생각, 트랜스 휴머니즘

11. 2035년, 지구의 장례식이 열린다   128
미래학자가 들려주는 기후 변화 사회   132
: 기후 난민, 우리의 미래가 될 수 있다

12. 참치처럼 생겼고 참치 맛이 나지만 진짜 참치는 아니다   140
미래학자가 들려주는 대체 식품 사회   144
: 돼지, 소, 닭 농장이 사라진다

💡 생각해 보기 **기후 변화 편** • 153

＊ 독후 활동 • 155

1
모든 물건이 스마트폰이 되는 세상

21XX년 9월 1일, 오늘의 일기

우리 형은 로봇을 만드는 발명가다.

얼마 전 형이 로봇을 연구하는 곳에 놀러 갔다.

형은 나에게 재미있는 것을 보여주겠다며 내 팔을 꼬집었다.

나는 **"아야, 아프잖아!"** 라고 소리쳤다.

그러자 한쪽 구석에 놓여 있던 인형이

갑자기 부풀어 오르더니 나에게 다가왔다.

"안녕, 난 베이맥스야"

하얗고 커다란 마시멜로처럼 생긴 이 녀석은
자신을 **건강 도우미 로봇**이라고 소개했다.

사회탐구 **13**

베이맥스는 **"아야"**라는
내 목소리를 듣고 출동했다고 한다.
잠시 후 베이맥스의 배에 내 몸을 스캔한
화면이 떴고 팔뚝에 가벼운
타박상이 있다며 치료법을 알려주었다.
형은 베이맥스에 1만 개의
치료법이 저장되어 있고
치료에 만족하면 자동으로
시스템이 꺼진다고 했다.
그날부터 베이맥스는 내 친구가 됐다.

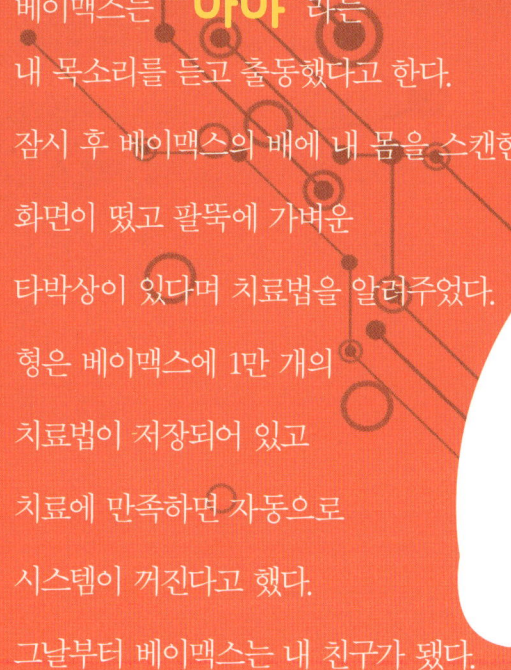

오늘 베이맥스는 내가 피곤해 보인다며
따뜻한 우유와 잠이 필요하다고 조언해주고,
자신의 몸을 덥혀서 나를 안아주었다.
마치 따뜻한 이불을 덮고 있는 것 같았다.
요즘 마음이 슬펐는데
베이맥스 덕분에 조금 나아졌다.

 **미래학자가 들려주는 사물 인터넷 사회**

먼지보다 센서가 더 많은 세상

이 일기는 미래의 가상 도시에 살고 있는 14세 천재 히로의 이야기입니다. 히로는 영화 〈빅 히어로〉의 주인공입니다. 히로의 곁에서 항상 함께하는 베이맥스는 인간을 돕는 로봇이죠. 누구의 도움 없이 카메라가 달린 눈으로 사람들을 복사하듯 읽고 대화를 통해 증상을 파악합니다. 이렇게 스스로 정보를 얻은 다음에는 아픈 사람이 있으면 입력된 데이터에 따라 자율적으로 치료합니다. 사람의 감정도 읽을 수 있어 외로운 사람들에게는 따뜻한 포옹을 처방하기도

합니다. 히로를 안아준 것처럼 말이죠. 베이맥스에는 스피커도 내장되어 있어 대화도 가능합니다.

베이맥스는 사물 인터넷(IoT: Internet of Things)이라는 기술이 모여 발전한 인공지능 로봇입니다. 사물 인터넷은 우리가 알고 있는 인터넷 기능이 다양한 물건에서도 가능한 것입니다. 베이맥스 안에는 카메라와 센서, 스캐너, 터치 패드,

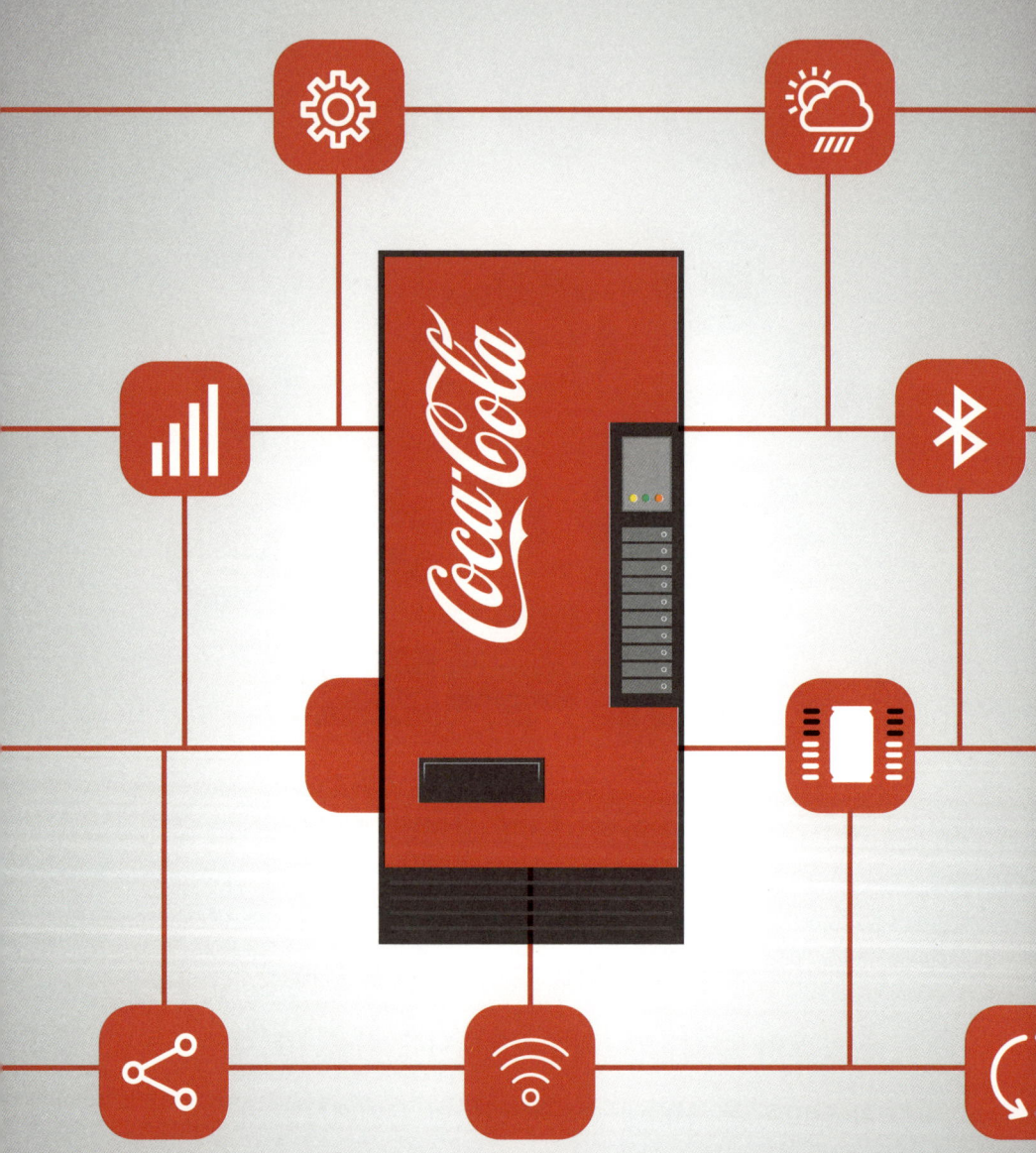

온도 조절기, 조명, 엔진 등 수많은 사물이 부품처럼 들어 있습니다. 이것들은 모두 인터넷으로 연결되어 있죠.

세계 최초 사물 인터넷은 코카콜라 자판기입니다. 카네기 멜론 대학교의 학생들은 자판기에 인터넷을 연결했습니다. 자판기에 코카콜라가 몇 개나 남아 있는지, 얼마나 시원한지 등을 확인하기 위해서였죠. 덕분에 콜라가 다 팔렸거나 시원하지 않으면 멀리 떨어진 자판기까지 헛걸음하지 않을 수 있었습니다.

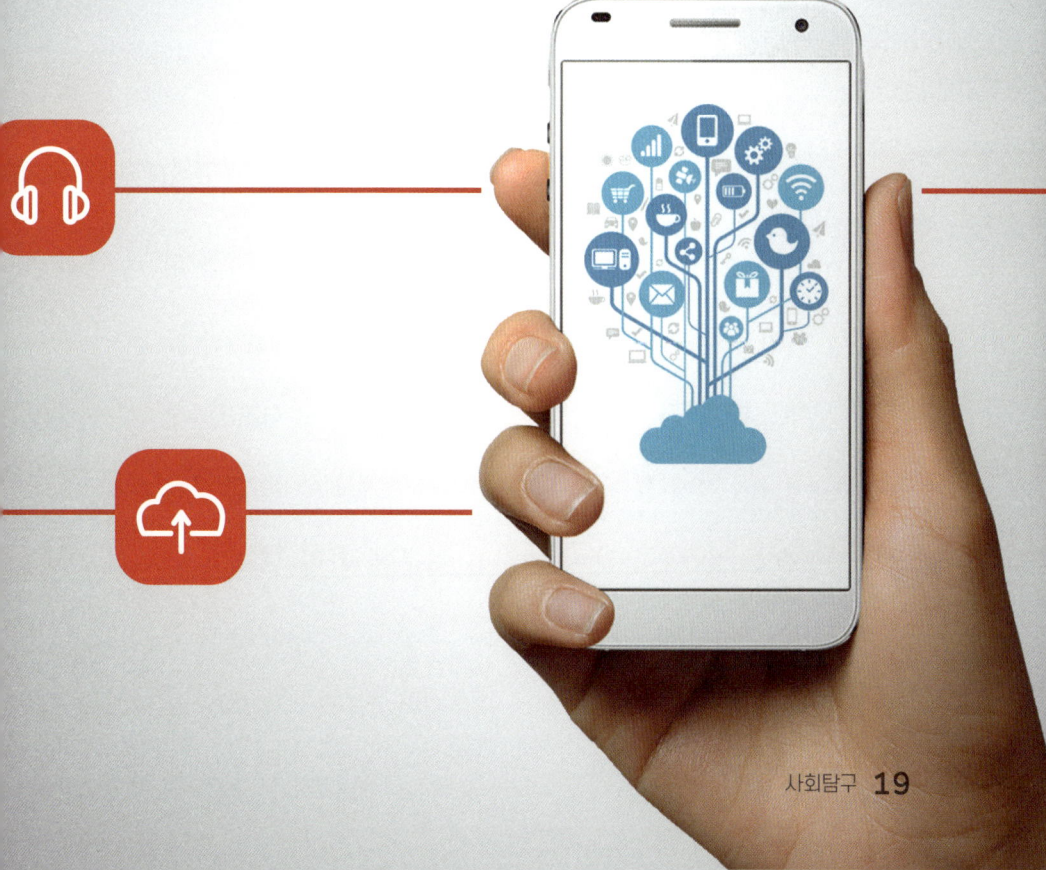

　이 아이디어가 발전해 지금은 다양한 물건에 인터넷을 연결해서 편리하게 사용하고 있습니다. TV, 냉장고, 세탁기 같은 가전제품과 인공지능 스피커, 자동차 등을 원격으로 작동할 수 있죠. 집에 들어가기 전에 미리 보일러를 틀고 현관을 여는 순간 TV나 음악이 켜지고 기분에 따라 조명의 색이 바뀌기도 합니다. 사람이 없어도 스스로 운전하는 무인

자동차, 인공지능 스피커와 친구처럼 대화하는 것도 사물 인터넷 기술입니다. 회사와 공장에서도 사물 인터넷을 이용해 제품을 만든답니다. 마치 모든 물건이 스마트폰처럼 다양한 기능을 갖게 되는 것이죠.

미래에 우리는 하루 종일 사물 인터넷에 둘러싸여 살 것입니다. 잠에서 깨면 자동으로 커튼이 걷히고 비가 오는 날은 알아서 제습기가 작동합니다. 냉장고는 빨리 먹어야 할 음식을 알려주고, 인공지능 스피커는 홀로그램을 이용해 오늘 날씨에 입기 좋은 옷을 추천합니다. 현관에서 신발을 신으면 자동으로 엘리베이터가 도착하고 자동차가 스스로 운전해 집 앞에서 나를 기다립니다. 열이 나면 〈빅 히어로〉의 베이맥스처럼 감기약과 죽을 주문해주기도 하죠.

사물 인터넷이 집과 회사를 넘어 도시 전체에 연결되는 것을 '스마트 시티'라고 합니다. 무려 1,000억 개가 넘는 센서가 사물 인터넷으로 연결돼 모든 것을 감지하죠. 사물 인터넷으로 스마트 시티를 만드는 것은 '스마트 더스트'라는 기술입니다. 더스트(dust)는 '먼지'라는 뜻으로 먼지처럼 작은 초소형 센서들이 잔뜩 모여 있는 것을 스마트 더스트라고 합니다. 초소형 센서들을 먼지처럼 뿌려서 온도나 습도, 빛의 밝기 등 수많은 정보를 감지해 무선 네트워크로 전송합니다. 앞으로 우리는 먼지보다 많은 센서에 둘러싸여 살아갈 것입니다.

스마트 더스트로 버스, 지하철, 신호등, 가로등, 주차장, 놀이터, 공원, 학교 등 우리가 이용하는 모든 것이 사물 인터넷으로 연결되면 더욱 편리하고 쾌적하게 생활할 수 있습니다. 미세먼지가 많은 날은 자동으로 도시 곳곳의 공기청정기를 가동하고 사고가 나면 119에 신고하지 않아도 알아

서 구급차가 출동합니다. 사람이 살지 않는 곳에서 발생하는 산불을 예방하는 데도 활용할 수 있습니다. 우리 옷에 스마트 더스트를 부착하면 실내 온도를 측정해 집 안에 있는 냉난방 장치로 신호를 보내서 자동으로 온도를 조절합니다. 쓰레기통이 가득 차면 환경미화원에게 신호를 보내 바로 비울 수 있도록 해주고 태풍이나 홍수 같은 재해가 발생하면 빠르게 감지하고 대비해 피해를 줄이는 것도 사물 인터넷을 활용한 미래 스마트 시티의 모습입니다.

2
2044년 올림픽 현장으로

올림픽은 4년에 한 번씩 수많은 나라의
운동선수들이 모여 승부를 겨루는 세계인의 축제입니다.
올림픽의 기본 정신은 공정함입니다.

각자 타고난 신체를 가지고 정정당당하게 경쟁하는 것이죠.
하지만 20년 후나 30년 후의 올림픽은
지금과는 사뭇 다른 모습일 것입니다.

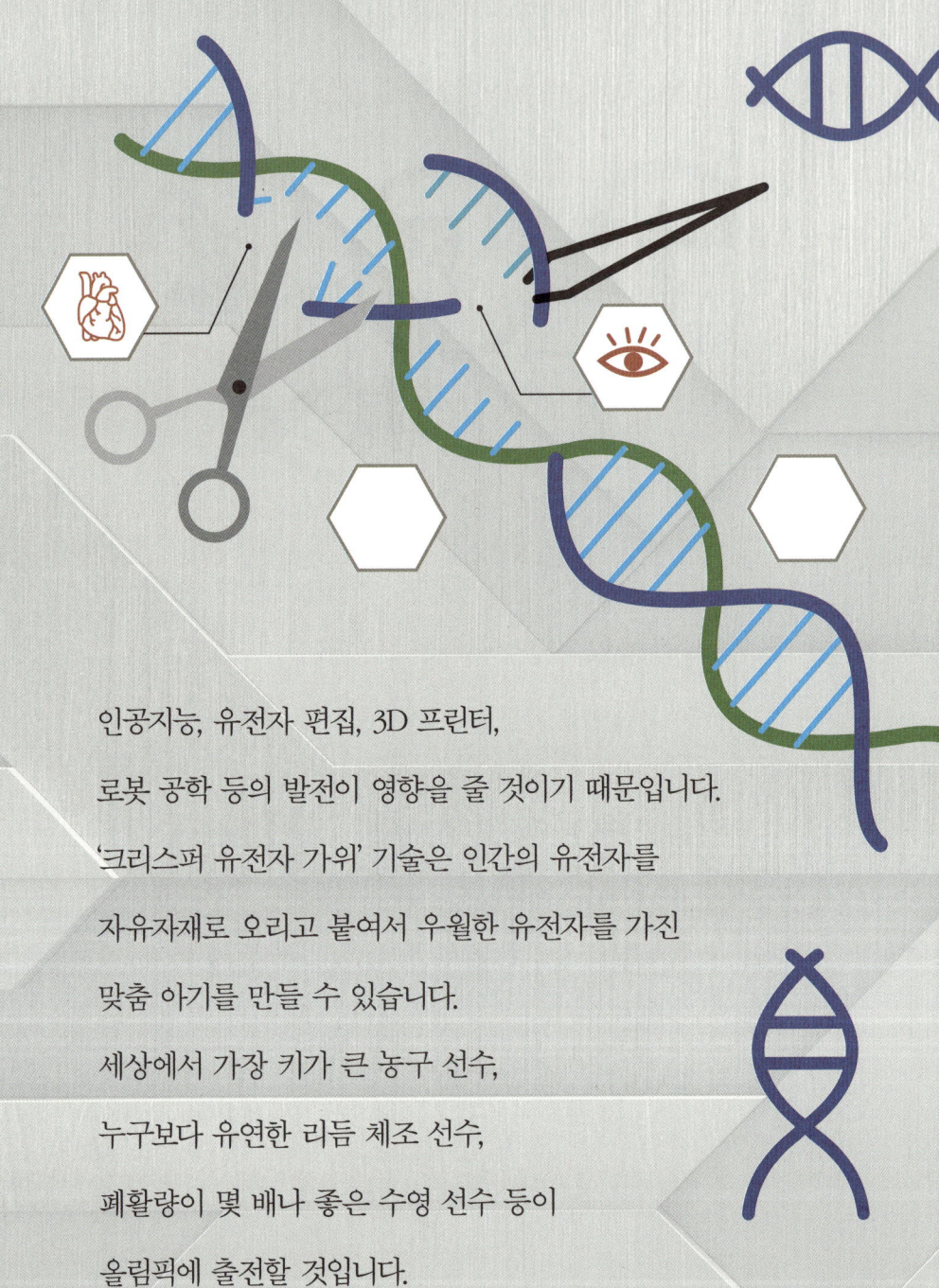

인공지능, 유전자 편집, 3D 프린터,
로봇 공학 등의 발전이 영향을 줄 것이기 때문입니다.
'크리스퍼 유전자 가위' 기술은 인간의 유전자를
자유자재로 오리고 붙여서 우월한 유전자를 가진
맞춤 아기를 만들 수 있습니다.
세상에서 가장 키가 큰 농구 선수,
누구보다 유연한 리듬 체조 선수,
폐활량이 몇 배나 좋은 수영 선수 등이
올림픽에 출전할 것입니다.

그뿐 아니라 인간은 인공지능 로봇, 최첨단 기기들과 대결해야 할지도 모르겠습니다. 인간 시력보다 세 배나 뛰어난 생체공학 렌즈를 착용한 **양궁선수는 마치 〈어벤저스〉의 '호크아이' 같습니다.**

사회탐구 **27**

웨어러블 로봇을 착용한
역도선수의 허리 힘이 최고치에 달하는 순간
세계 신기록이 나올 것입니다.

인간 대 기술의 대결,
미래 올림픽에서
금메달을 차지하는 것은
누구일까요?

 미래학자가 들려주는 로봇 사회

2050년, 인간보다 로봇이 더 많아진다

1997년, 세계 최초로 다양한 나라의 로봇 공학자가 한자리에 모여 기술력을 겨루는 축구 대전인 '로보컵'이 열렸습니다. 2002년에 인간처럼 두 발로 공을 차는 휴머노이드 리그가 추가되면서 로보컵은 많은 관심을 받았습니다. 이후 축구뿐 아니라 재난 구조, 재고 정리, 실내 서비스 등 다양한 분야의 리그가 만들어졌습니다.

로보컵에 참가하는 로봇의 기술 규정은 매우 엄격합니다.

하나라도 지키지 않으면 대회에 참가할 수 없으며 경기 규정도 매년 업그레이드되고 있습니다. 이는 2050년에 휴머노이드 로봇 팀이 실제 월드컵 우승 팀인 인간과의 경기에서 이기겠다는 로보컵의 최종 목표를 이루기 위한 것입니다. 인간의 능력을 넘어서는 센서를 사용하지 않으면서 인간을 뛰어넘는 로봇을 만드는 것이 로보컵에 참가한 공학자들에게 주어진 과제입니다.

따라서 2044년 올림픽에서 인간이 로봇과 대결할지도 모른다는 예측은 상상으로만 끝나지 않을 수도 있습니다. 로봇은 이미 우리 생활 곳곳에 들어와 일상에 많은 도움을 주고 있습니다. 2022년 4월에 테슬라의 **일론 머스크**는 이런 말을 했습니다.

"2050년에는 대부분의 가정에서 로봇을 이용할 것입니다. 앞으로 사람들은 로봇 기계가 아닌 로봇 친구를 가지게 될 것입니다."

그는 지금 공장에서 작업을 돕는 용도로 개발한 로봇 '옵티머스'를 영화 〈스타워즈〉에 등장하는 로봇 알투디투(R2D2)나 씨쓰리피오

일론 머스크 Elon Musk
미국의 기업인으로 전기 자동차 회사 테슬라, 로켓 개발 및 우주 탐사 기업 스페이스X, 뇌컴퓨터 인터페이스 회사 뉴럴링크를 세웠어요.

(C3PO) 같은 멋진 반려 로봇으로 만들 수도 있다고 말했습니다.

현재는 사람이 직접 기계로 된 옷을 입고 강한 힘을 얻거나 장애를 극복하는 장치인 '웨어러블 로봇' 기술이 주목받고 있습니다. '아이언맨 슈트'라고도 부르는 이 로봇은 가까운 미래에 실용화될 가능성이 큽니다. 이 옷을 입는다고 해서 아이언맨처럼 하늘을 날고, 레이저를 쏘고, 무너진 건물을 번쩍 들어 올려 사람을 구할 수 있는 것은 아닙니다. 대신 우리의 신체 능력을 한층 더 높여줄 수 있습니다. 가령

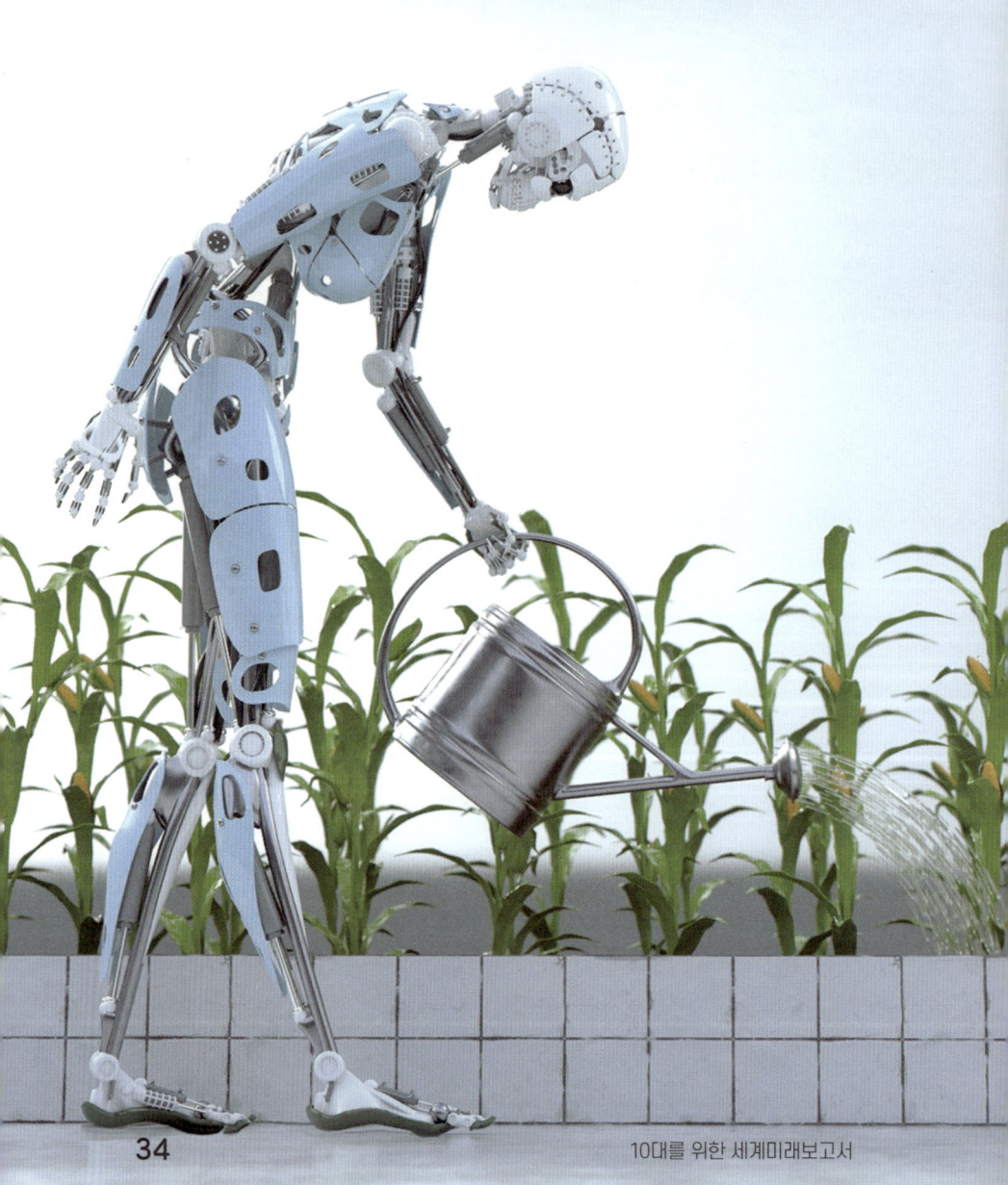

무겁고 위험한 무기를 다루는 군인이나 재난 현장에서 사람을 구하기 위해 큰 힘을 써야 하는 구조대원, 땅속 채굴 현장에서 일하는 노동자 등에게 많은 도움을 줍니다. 그뿐 아니라 웨어러블 로봇은 환자들의 활동을 돕는 재활 장비의 역할도 합니다.

　로봇 기술은 계속 진화하고 있으며 일론 머스크의 말처럼 미래는 사람과 로봇이 함께하는 세상이 될 것입니다. 미국의 로봇 공학자인 한스 모라벡은 "2040년이 되면 로봇이 사람처럼 생각하고 행동하며, 2050년에는 로봇이 놀라운 속도로 인간의 능력을 추월해 지구의 주인이 될 것"으로 예측했습니다. 이때는 인간보다 로봇의 숫자가 더 많을 것이라 합니다.

　2050년까지 로봇은 인간의 모든 삶에 침투할 가능성이 높습니다. 사

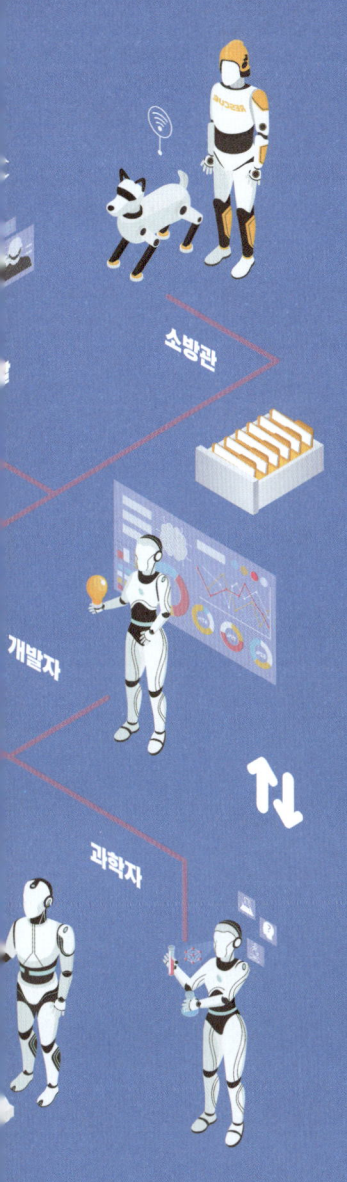

람처럼 팔과 다리가 달린 로봇은 사무실과 작업장 등 다양한 일터에서 사람 대신 일을 하고 집에서는 가사를 돌볼 것입니다. 전쟁이 일어나면 군인 대신 적군과 싸우는 것도, 달과 화성에 우주 도시를 건설하는 것도 로봇의 몫입니다. 사람이 하는 일의 대부분을 로봇이 대신하는 것입니다.

이런 로봇에 인공지능 기술을 더하면 로봇은 단순한 기계가 아니라 인간의 지식과 가치관, 문화 등 정신적 유산을 물려받은 신인류라 할 수 있습니다. 인공지능 로봇이라 불리는 신인류가 열어나갈 **'로보 사피엔스'** 시대가 코앞으로 다가온 것입니다.

나의 인공지능 친구를 소개합니다

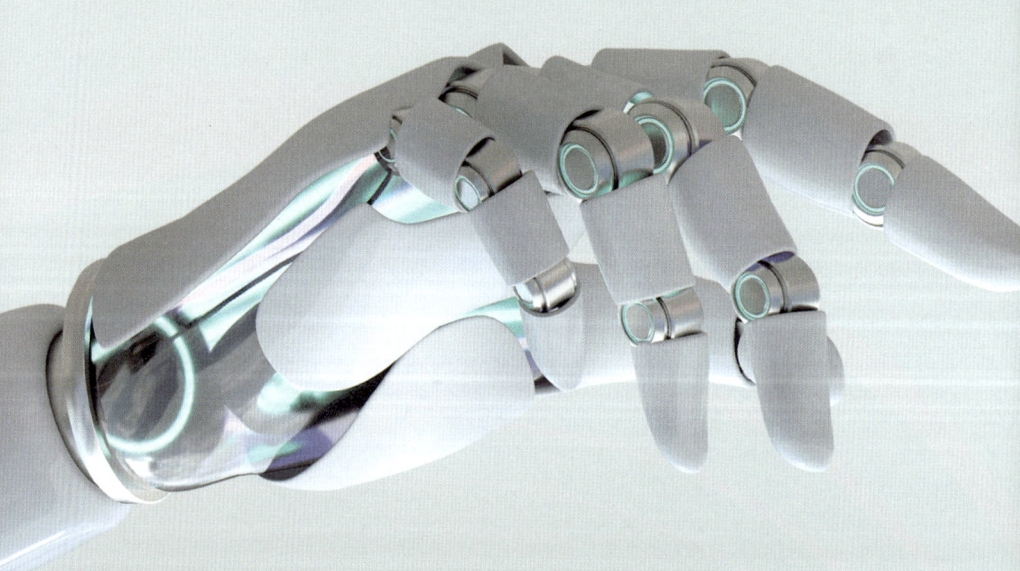

안녕하세요. 내 이름은 조시에요.
오늘은 내 친구를 소개할 거예요.

지금으로부터 멀지 않은 과거에는
사람과 사람만이 친구가 될 수 있었다고 해요.

하지만

내가 사는 이곳에서 친구는
'에이에프(AF: Artificial Friend, 인공지능 친구)'라고 하는
인공지능 로봇이랍니다.

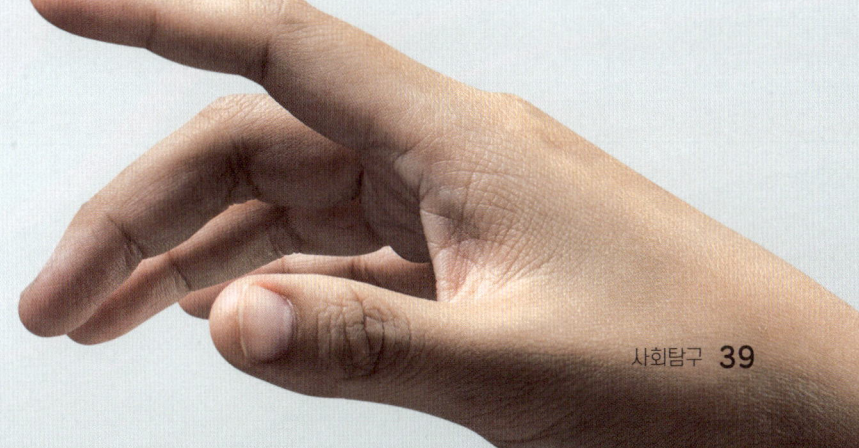

사람들은 장난감 가게에 진열된
인형을 구경하고 선택하듯이 마음에 드는 에이에프를 골라요.
선택받지 못한 에이에프는 폐기 처분되어 사라져 버리죠.
나는 매장 진열대에 앉아 있는
'클라라'라는 에이에프를 데려왔어요.
예전 사람들은 인간과 기계의 차이가
'마음'이라고 생각했대요.

그런데 클라라는 사람처럼
다양한 감정을 가진 로봇이에요.
인공지능의 머신 러닝과 딥 러닝 덕분에
사람의 행동, 말투, 생각, 감정 등을 관찰하고
똑같이 표현할 수 있거든요.

어느새 인간은 기계에
친구의 자리를 내어주었습니다.

과연 다음 차례는
무엇일까요?

사회탐구 **43**

 미래학자가 들려주는 인공지능 사회

인공지능은 제2의 전기

조시와 클라라는 가까운 미래의 모습을 그린 소설 《클라라와 태양》의 등장인물입니다. 소설 속 에이에프는 더 이상 학교에 가지 않아 친구를 만들 기회가 사라진 미래 사회 아이들을 위한 인공지능 로봇입니다. 호기심과 관찰력이 뛰어난 에이에프 클라라는 스스로 생각하고 느낄 줄 알며, 자신에게는 인간과 같은 다양한 감정이 있다고 믿습니다.

지금 우리가 사는 세상에는 사람 대신 커피를 만들고 음

식을 배달하며, 손님을 응대하고 진짜 애완동물처럼 행동하는 로봇이 이미 있습니다. 2016년, 미국의 로봇 공학자 데이비드 핸슨은 사람과 유사한 모습의 인공지능 로봇 '소피아'를 개발했습니다. 소피아는 사람처럼 다양한 감정을 표현합니다. 눈에 카메라를 장착해 다른 사람들의 표정과 말, 행동을 기억하고 그에 맞춰 반응하도록 설계했기 때문입니다. 소피아는 사람들과 대화한 데이터를 스스로 학습해 대화 능력을 키웁니다. 최근 인공지능 챗봇 '챗지피티(ChatGPT)'가

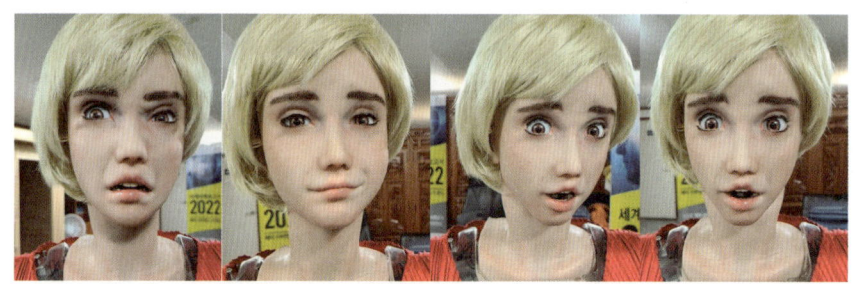
인공지능 로봇 그레이스의 표정 변화

큰 관심을 받고 있습니다. 사람들과 대화를 나누도록 설계된 챗지피티는 질문을 입력하면 답변을 해주고, 긴 글을 짧은 글로 요약하기도 하며, 외국어를 번역하기도 합니다. 심지어는 간단한 단어만 제시해도 새로운 이야기를 만들어냅니다. 한마디로 진짜 사람과 카톡을 주고받는 느낌이라고 생각하면 됩니다. 소피아가 다른 사람의 행동을 연구하는 것, 그리고 소설처럼 클라라가 사람들을 관찰하고 분석해 따라 하는 것을 '딥 러닝'이라고 합니다.

인간과 거의 비슷한 소피아 같은 감정 인식 로봇의 최종 목적은 사람과 똑같아지는 것입니다. 소피아를 만든 데이비드 핸슨 박사는 동생 로봇인 그레이스도 개발했습니다. 간호 로봇인 그레이스는 환자의 체온과 맥박을 감지하는 열화상

카메라뿐 아니라 의사가 질병을 진단하고 치료하는 데 도움이 되는 각종 센서 등을 갖췄습니다. 헨슨 박사는 "20년 안에 로봇과 인류가 구별되지 않는 세상이 올 것이다"라고 전망합니다.

로봇을 연구하는 과학자들은 딥 러닝 덕분에 로봇은 점점 더 인간다워질 것이며, 2050년이 되면 이 세상에 인간보다 로봇이 더 많아질 것으로 예측합니다. 누구나 모든 종류의 로봇을 설계하고 직접 만들 수 있기 때문이죠. 축구장에서는 로봇들이 경기를 치르고, 아플 때는 간호 로봇이 우리를 돌봐줍니다. 바닷속 탐험과 우주 개발도 대신하며 불이 나면 로봇이 곧바로 달려가 사람들을 구할 것입니다. 미래에는 모든 문제를 인공지능 로봇이 해결합니다.

클라라처럼 사람과 똑같은 모습을 한 인공지능 로봇이 있다면 어떨까요? 만일 이 로봇이 즐거워하거나 화를 내는 등 인간의 감정을 똑같이 느끼고 재미있게 대화하며, 피나 땀을 흘리기도 한다면 우리의 친구가 될 수 있을까요?

미래학자 마틴 포드는 미래의 인간에게 인공지능은 마치

'제2의 전기'와 같을 것이라고 말합니다. 우리나라에서 최초로 전기를 사용한 것은 1887년 경복궁에서 전등을 밝힌 것인데, 이제 우리는 전기 없이 생활할 수 없습니다. 마찬가지로 미래에는 지금의 전기처럼 거의 모든 분야에 인공지능이 사용되고 수많은 것을 변화하는 기술이 될 것입니다. 전기가 없으면 우리가 할 수 있는 일이 거의 없는 것처럼 앞으로 인공지능 없는 삶은 상상조차 할 수 없습니다.

    2009년 우리나라에서 처음으로 스마트폰을 도입할 때 지금처럼 스마트폰이 우리 일상에서 커다란 부분을 차지할 줄은 몰랐습니다. 다가올 미래에 인공지능 로봇은 인간이 살아가는 데 꼭 필요한 존재가 될 것입니다.

내 몸 안에
의사가 살고 있다

레이는 특수 부대원입니다.

얼마 전 인질 구출 작전에 성공한 레이는

가족과 휴가를 떠난 곳에서

정체불명의 괴한에게 납치됐습니다.

냉동창고에서 눈을 뜬 레이에게 괴한은
그가 구출한 인질에 관해 물었습니다.
레이는 아무것도 모른다고 대답했습니다.

"탕!"

한 발의 총소리가 울려 퍼졌습니다.
얼마나 시간이 흘렀을까…….
레이는 힘겹게 눈을 떴습니다.
잠시 후 한 남자가 다가오더니
충격적인 말을 들려줬습니다.

레이는 괴한이 쏜 총에 머리를 맞았고
이미 죽었다는 것입니다.
그런 레이를 살리기 위해 혈액 속에 생체를 구조하는
나노봇 '나나이트'를 주입했다고 합니다.
지금 레이의 몸 안에는 혈액 대신 수혈된
어마어마한 숫자의 나노봇들이 있습니다.
나나이트는 레이가 다치면 반응해 순식간에 치료해 줍니다.

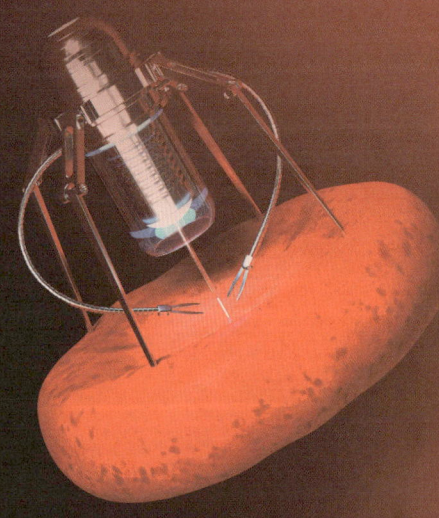

나나이트 덕분에 다쳐도 곧바로 낫는
엄청난 재생력을 갖게 된 레이는
자신을 이렇게 만든 사람들을 찾아 나서며
복수를 다짐합니다.

 미래학자가 들려주는 나노 사회

우리 몸에 작고 똑똑한 로봇
수십억 개가 들어온다면

앞의 이야기는 영화 〈블러드샷〉의 내용 중 일부입니다. 총에 맞고 죽은 레이의 몸속으로 들어가서 레이를 살려낸 나나이트는 '나노'라는 단위의 매우 작은 로봇입니다. 나노는 10억분의 1 크기로 우리 눈에 보이지 않을 정도로 작습니다.

이 세상은 92가지 원자로 이루어져 있습니다. 원자의 크기는 0.0000001밀리미터로 눈금자에서 1밀리미터를 1,000

만 개의 칸으로 나눈 것과 같습니다. 이토록 작은 원자가 3~4개 정도 모였을 때의 크기를 1nm(나노미터)라고 합니다.

나노 세계의 가능성을 처음으로 제시한 사람은 물리학자 **리처드 파인만**입니다. 그는 1959년에 "원자 규모로 물질을

> 원자 규모로
> 물질을 다루면
> 새로운 세상이 열릴 거야!

• 리처드 파인만 Richard Feynman
10대 이전부터 물리에 뛰어난 재능을 보인 천재 물리학자예요. 1958년에 이미 나노 기계의 등장을 예견했으며, 양자전기역학에서의 공로로 1965년 노벨 물리학상을 수상했습니다. "과학은 즐거운 장난이다"라고 한 그의 말처럼, 복잡하고 어려운 과학을 명쾌하게 대중에게 전달하는 과학의 전도사로도 유명했습니다.

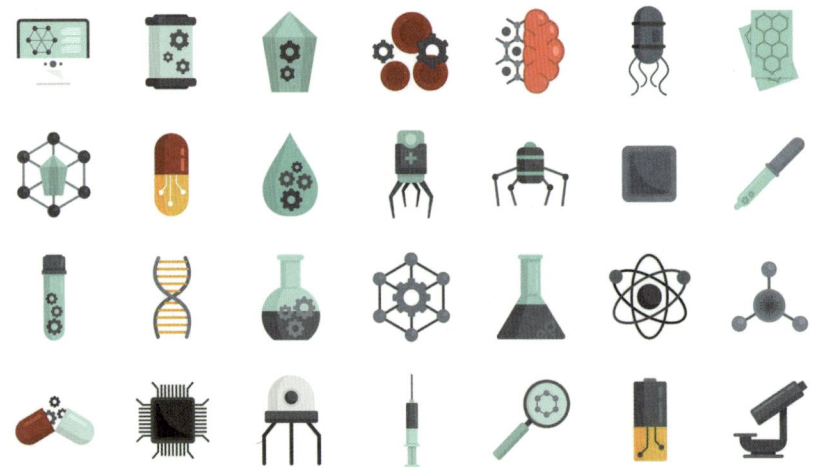

다루게 되면 새로운 세상이 열릴 것이다"라고 말했습니다. 그러고는 "브리태니커 백과사전 24권을 머리핀 만큼 작은 곳에 옮겨 적을 수 있을까?"라고 질문했습니다. 백과사전 24권은 약 2만 페이지로 모두 펼쳐 놓으면 축구 경기장의 절반을 차지합니다. 파인먼은 이것을 머리핀 굵기인 1.6밀리미터 정도의 작은 원 안에 압축해 넣을 수 있다고 주장했습니다. 백과사전 24권을 2만 5,000분의 1로 축소할 수만 있다면 무한한 가능성을 가진 나노 기술도 만들 수 있다는 것입니다.

시간이 흘러 '아직 세상에 없던' 나노 기술은 파인만의 말

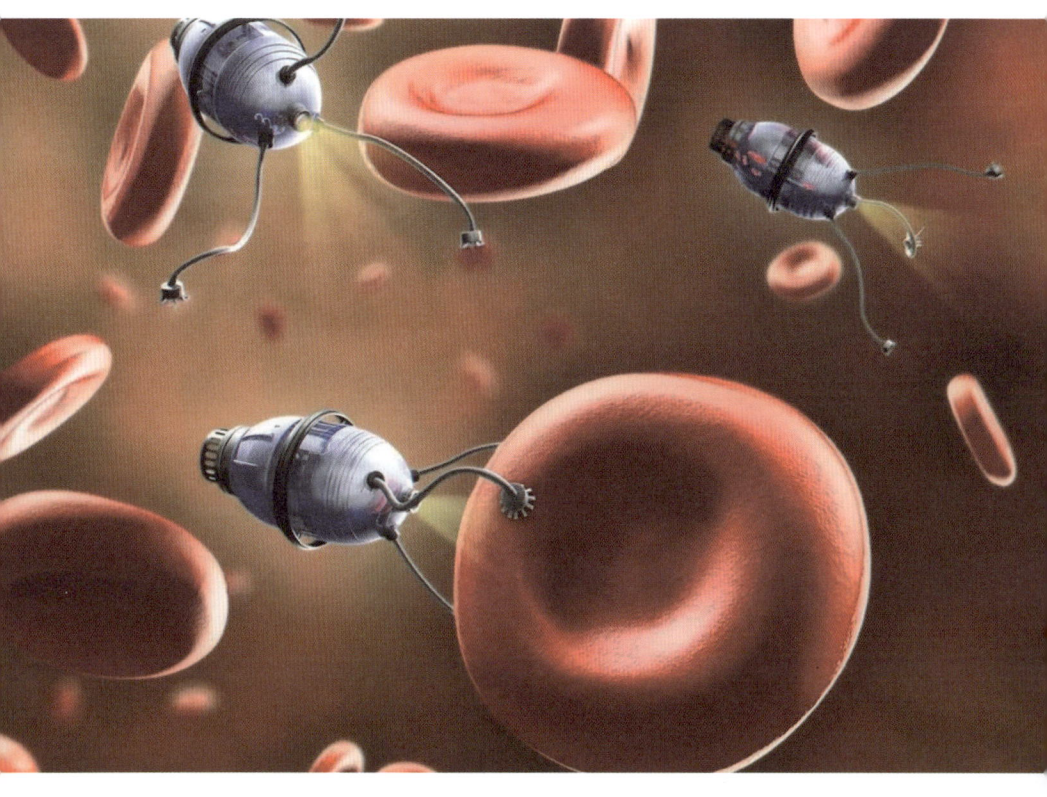

대로 '이제 세상을 바꾸는' 나노 기술이 되었습니다. 과학과 산업을 비롯해 인류의 삶에 큰 변화를 가져올 나노 기술 중에서 가장 주목받는 것이 나노봇 개발입니다. 초소형 로봇인 나노봇은 재난 구조 현장, 환경 감시, 의약 등 다양한 분야에서 활약할 것입니다. 특히 미래의 의료 및 치료 방식을 완전히 바꿀 것으로 예측합니다.

나노봇은 사람의 혈관 속을 누비며 약물을 정확히 전달하거나 수술 없이도 우리 몸의 상처나 나쁜 종양을 없애고 바이러스와 대신 싸울 것입니다. 실제로 우리 몸에 필요한 약물을 전달하는 나노봇은 이미 개발되었습니다. 물결 모양의 머리카락처럼 생긴 이 로봇의 지름은 0.4밀리미터에 불과합니다. 미세한 소용돌이를 만들어 움직이며 병든 세포에 약물을 전달합니다.

우리 몸을 치료할 초소형 로봇은 미래에 놀랄 만큼 발전할 것입니다. 특히 나노봇은 인류의 미래를 바꿀지도 모르겠습니다. 미래학자 **레이 커즈와일**은 기술의 발전에 관해 이렇게 말했습니다.

"생명이 시작된 후 세포가 만들어지기까지 20억 년이 걸렸다. 하지만 PC가 등장한 뒤 인터넷이 만들어지는 데는 14년밖에 걸리지 않았다. 기술은 기하급수적으로 진화해 2045년에는 기계의 지능이 인간 지능의 수십억 배 이상 발전할 것이다."

"2045년에는
기계의 지능이
인간 지능의 수십억 배 이상
발전할 것이다."

인간 < 인공지능

• 레이 커즈와일 Ray Kurzweil

미국의 컴퓨터 과학자, 발명가, 공학자, 미래학자예요. 지난 30년 동안 그가 예측한 미래는 매우 높은 정확도를 보였어요. 그는 우리의 뇌를 인터넷에 연결할 수 있게 되면, 인간과 인공지능의 뇌가 하나가 될 것이라고 말했어요.

인공지능이 모든 인간의 지능을 합친 것보다 더 강력해지는 '특이점'이 온다는 것입니다. 그렇게 되면 수십억 개의 나노봇이 우리 뇌로 들어가 지능을 확장할 것입니다. 이처럼 인간의 두뇌와 컴퓨터가 합쳐지고 유전학, 나노 기술, 생명공학, 뇌공학이 발전하면 인간은 늙지도 죽지도 않을 것이라고 예상합니다. 우리 몸으로 들어온 작고 똑똑한 나노봇은 인간의 삶을 어떻게 바꿔놓을까요?

생각해 보기 인공지능과 로봇 편

미래학자 레이 커즈와일은 2045년에는 인공지능이 인간보다 훨씬 똑똑해진다는 '특이점'이 온다고 말했습니다. 그는 《영원히 사는 법》이라는 책에서 특이점이 오면 인간은 죽음을 정복하고 영원히 살 수 있다고 주장합니다.

그뿐 아니라 인간의 뇌가 슈퍼컴퓨터에 연결된다면 지금은 상상조차 할 수 없는 일들이 벌어질 것이라고 합니다. 레이 커즈와일은 살아 있는 사람의 뇌에 나노봇을 넣어 죽은 사람에 대한 기억을 뽑아내고, 이것을 모아서 그 사람과 매우 비슷한 아바타를 만들 수도 있다고 전망합니다.

특이점이 온 2045년, 나는 얼마 전 돌아가신 할머니를 알고 있는 사람들을 불러 모았습니다. 그리고 이들에게 나노봇을 주입해 할머니에 관한 모든 기억을 뽑아냈습니다. 이런 기억을 모아 할머니와 똑같은 모습을 한 로봇에 입력했죠. 로봇은 할미니처럼 생각히고, 말하고, 행동했습니다. 정말로 우리 할머니가 살아서 돌아온 것 같은 기분이 들었습니다. 과연 이 로봇은 나의 할머니가 맞을까요?

그리고 나를 아는 사람들에게서 나에 대한 기억을 뽑아내 나와 같은 모습의 로봇에 입력한다면 어떻게 될까요? 이 세상에는 두 명의 내가 살고 있는 걸까요?

5
저절로 움직이는 자동차

"삐비비빅 삐비비빅."
"삐비비빅."

나는 매일 아침 7시에 울리는
알람 소리에 눈을 뜹니다.
잠에서 깨어나 가장 먼저 하는 일은
휠체어에 타는 것입니다.
몇 년 전 킥보드를 타다가 넘어지면서
다리를 다쳤고, 이 사고로 걸을 수 없게 되었죠.
나의 두 다리 역할을 대신하는 휠체어는
이제 가장 소중한 물건이랍니다.

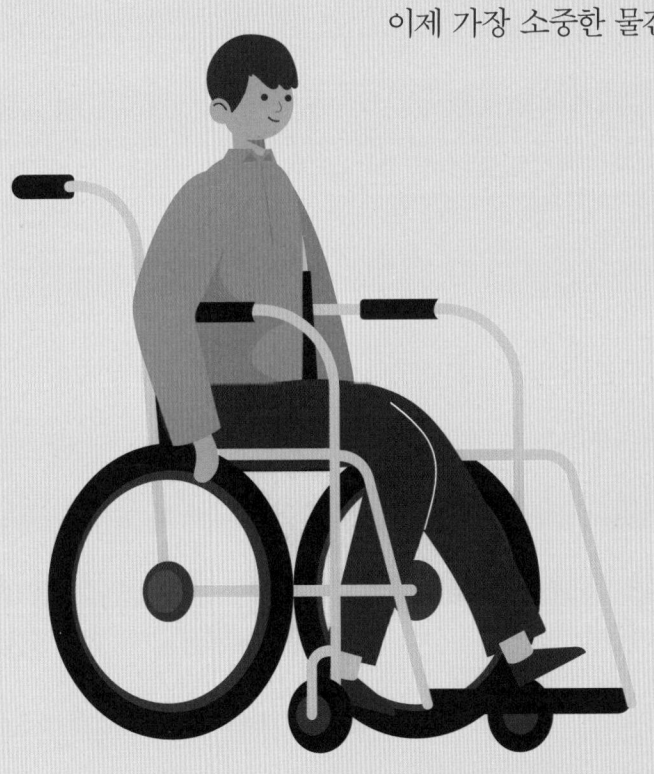

여러분은 '자율 주행'이라는 말을 들어본 적 있나요?

사람이 운전하지 않아도 자동차가 스스로 판단해

목적지까지 운행하는 기술을 말합니다.

2030년인 미래는 운전자도 필요 없는

'완전 자율 주행' 시대가 되었습니다.

자동차처럼 휠체어도 내가 원하는 곳까지 알아서 움직입니다.

덕분에 집에서도 밖에서도 자유롭게 이동할 수 있습니다.

학교나 병원, 미술관 같은 곳을 갈 때는 휠체어에 탄 채로

완전 자율 주행 자동차에 올라타면 목적지까지 데려다줍니다.

도착할 때까지 영화를 보거나 게임을 하죠.

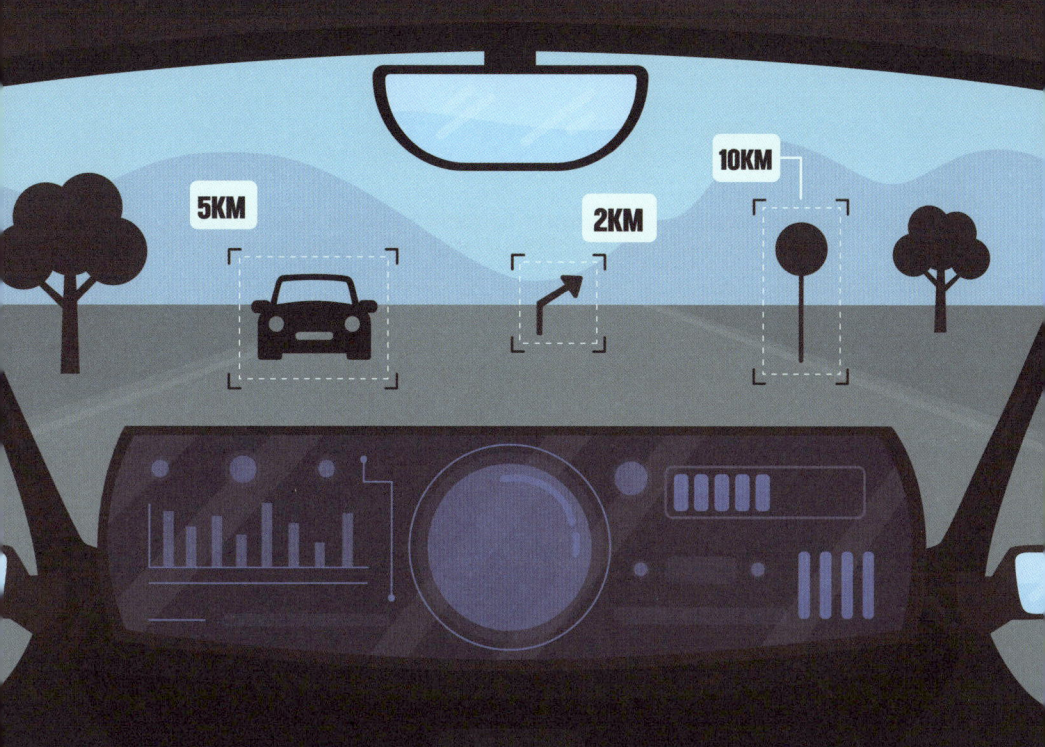

자율 주행 자동차가 없던 시절에 사람들은 직접 운전을 하거나 버스, 지하철, 택시를 타고 다녔다고 해요. 하지만 지금은 운전하지 않아도, 사람이 없어도 스스로 운전하는 **완전 자율 주행 자동차 덕분**에 장애인을 포함한 모두가 빠르고 쉽게 원하는 곳으로 갈 수 있답니다.

 미래학자가 들려주는 완전 자율 주행 사회

자동차 속에 모든 것이 들어간다

여름방학에 가족들과 여행을 갔던 기억을 떠올려 보세요. 집에서 멀리 떨어진 바닷가로 가서 물놀이도 하고 맛있는 것도 먹고 신나게 놀았습니다. 이제 슬슬 집으로 돌아갈 시간, 짐을 정리하고 저 멀리 주차한 자동차까지 걸어가야 합니다. 이럴 때 스마트폰의 애플리케이션으로 간단하게 내가 있는 곳까지 자동차를 호출할 수 있다면 얼마나 편할까요?

완전 자율 주행 시대가 오면 이런 일이 가능합니다. 미국

자율 주행 기술 단계

레벨 0 — 비자동화
사람이 직접 운전해요.

레벨 1 — 운전자 보조
자동차의 방향을 조절해요.

레벨 2 — 부분 자율 주행
속도와 방향을 조절하고 차선을 변경하지만 항상 앞을 살펴야 해요.

레벨 3 — 조건부 자율 주행
2단계와 같지만 앞을 보지 않아도 돼요.

레벨 4 — 고도 자율 주행
자율 주행을 하지만 운전자가 필요해요.

레벨 5 — 완전 자율 주행
운전자도 필요 없는 완전한 자율 주행을 해요.

자동차 공학회는 자율 주행 기술을 레벨 0부터 레벨 5까지 6단계로 구분했습니다.

  자율 주행차는 운전자가 핸들, 브레이크, 가속 페달 등을 조작하지 않아도 스스로 운행해 목적지까지 찾아가는 자동차를 말합니다. 레벨 5의 완전 자율 주행차는 운전자가 없어도 자동차가 알아서 목적지까지 오고 가는 단계입니다. 내가 있는 곳까지 스스로 찾아온 자동차에 올라탄 뒤에도 핸들을 잡을 필요가 없습니다.

그래서 우리는 자동차에 탄 뒤 운전 대신 하고 싶은 것들을 마음껏 즐길 수 있습니다. 목적지에 도착할 때까지 미니 냉장고에서 음료수를 꺼내 마시면서 영화를 보거나 게임을 할 수 있고, 커다란 화면을 보면서 인터넷 쇼핑도 가능합니다. 학교까지 가는 길에 웹툰을 보거나 메타버스에 접속해 아바타 놀이를 할 수도 있죠.

스마트폰이 처음 나왔을 때 사람들은 "전화기 속에 냉장고가 들어갔다"라고 말했습니다. 쉽고 편하게 음식을 주문할 수 있었기 때문입니다. 그렇다면 완전 자율 주행으로 운전할 필요가 없어진 자동차에는 어떤 것이 들어갈 수 있을까요? 이제 곧 자동차 안에 영화관, 게임 속 공간, 캠핑장, 침대, 레스토랑, 쇼핑몰 등 우리가 상상할 수 없었던 모든 것이 들어가는 세상이 됩니다. 누군가에게 자동차는 휴식을 취할 수 있는 공간이 되고, 다른 사람에게는 좋아하는 물건을 잔뜩 모아놓은 수집 공간이 되기도 합니다. 아빠에게는 재택근무 대신 자동차 근무를 할 수 있는 아주 작은 회사가 되어줄지도 모릅니다.

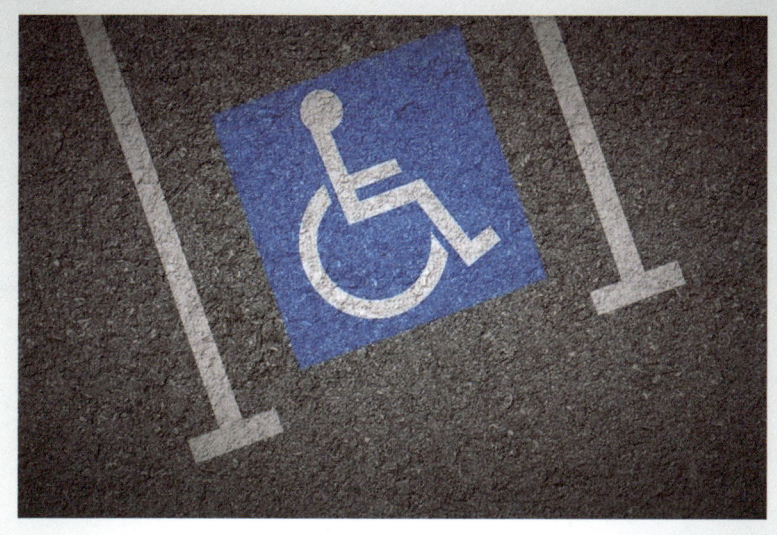

신체가 불편한 사람에게도 완전 자율 주행은 큰 도움이 됩니다. 앞을 보지 못해 운전할 수 없는 시각장애인도 언제든지 원하는 곳으로 이동할 수 있고, 다리가 불편한 사람들이 타는 휠체어에 자율 주행 기능을 더해 쉽고 편하게 움직일 수 있습니다. 이러한 광경은 곧 세계의 도심 어디에서나 흔히 볼 수 있을 것입니다.

6
자동차에 날개가 생긴다면?

1962년, 미국에서 재미있는 만화영화가 방영되었습니다. 100년 후 미래인 2062년, 오빗이라는 도시에 살고 있는 젯슨 가족의 이야기입니다.

아빠 조지 젯슨은 일주일에 삼 일간 세 시간씩 일합니다.

엄마 제인 젯슨은 아이들을 학교에 보낸 후 백화점에서 쇼핑을 하거나 카페에서 차를 마십니다.

사회탐구 73

이제 막 열여섯 살이 된 딸 주디 젯슨은
자신과 남자친구의 모든 비밀을
'DiDi'라는 떠다니는 **로봇 일기장**에 기록합니다.
아들 엘로이 젯슨은 우주 과학자가 꿈인
열 살의 천재 소년입니다.
그리고 반려동물 아스트로와 **가정부 로봇 로지**가 있습니다.
아스트로는 말을 할 수 있고
인간과 친구처럼 지내는 개입니다.
로지는 청소를 하고 아이들의 숙제를 도와주며
저녁을 차립니다.

젯슨 가족이 사는 미래는 일, 식량 부족, 전쟁 같은 사회문제가 모두 사라진 **유토피아 세상**입니다. 사람들은 **공중에 뜬 주택**에 살며 이동할 때는 **하늘을 나는 자동차**를 탑니다.

젯슨 가족도 **비행접시 같은 자동차**를 타고 빠른 속도로 이동합니다.

THE Jetsons

당시 만화영화를 본 사람들은
날아다니는 자동차를 타는 세상은
상상 속에서나 가능하다고 말했습니다.
하지만 우리는 몇 년 안에 정말로 하늘을 나는
자동차를 타게 될 것입니다.

과연
우리가 탈 비행 자동차는
어디까지 발전했을까요?

 **미래학자가 들려주는 비행 자동차 사회**

자동차도 됐다가, 비행기도 됐다가

날씨가 너무 더운 여름날이나 너무 추운 겨울날, 비나 눈이 많이 오는 날이면 학교에 가는 게 힘이 듭니다. 이럴 때 영화에서 순간 이동을 하는 사람들처럼 눈 깜짝할 사이에 집에서 학교까지 갈 수 있다면 얼마나 좋을까요?

순간 이동 장치는 만화나 영화에서 가능한 일이지만 이동 시간을 최대한 짧게 줄이는 방법에 관한 연구는 꾸준히 이루어지고 있습니다. 그중에서도 자동차의 새로운 기술이

눈에 띄게 발전했습니다. 스스로 운전하고 모든 것을 알아서 처리하는 인공지능 자율 주행 자동차부터 하늘을 나는 비행 자동차까지, 완전히 새로운 방식의 자동차가 대중화될 것으로 보입니다.

최근 전 세계 여러 기업이 '비행 자동차'를 개발 중입니다. 평소에는 도로를 달리는 자동차인데 길이 많이 막히거나 위급 상황에서 재빨리 이동해야 할 때는 날개를 펴고 비행기로 변신해 하늘을 날아가는 것입니다. 인공지능으로 조종사 없이도 작동하도록 설계해 비행 자동차를 이용하면 이동 시간이 획기적으로 줄어들 수 있습니다. 마치 영화 〈해리 포터와 비밀의 방〉에서 해리와 론이 마법 학교인 호그와트로 갈 때 타는 하늘을 나는 자동차처럼 말이죠.

2022년 6월, 토마즈 파탄이라는 사람이 하나의 영상을 공개했습니다. 그는 이탈리아 투스카니에 있는 자신의 집 뒷마당에서 '젯슨 원'이라는 1인승 비행 자동차에 올라탔습니다. 수직으로 하늘을 날아오르기 시작한 젯슨 원은 뒷마당을 넘어 울창한 숲을 지나, 작은 과수원 위를 빠르게 날았습니다. 이윽고 계곡을 가로지르고 황야를 지나 콘크리트 바닥에 착륙했습니다. 약 5킬로미터가량 떨어진 회사까지 출근하는 데 성공한 것입니다. 토마즈 파탄은 자동차 대신 젯슨 원을 타고 출근하니 이동 시간이 무려 88퍼센트나 빨라졌다고 말했습니다. 이제 비행 자동차로 학교에 가고 회사에 출근하는 날이 머지않았습니다.

우리는 아마도 2024년에 열릴 파리 올림픽에서 비행 자

동차를 볼 수 있을 것입니다. 파리 공항에서 올림픽 경기가 열리는 시내까지 하늘을 나는 택시, 일명 '에어 택시'로 승객을 나를 예정이라고 합니다. '볼로콥터'라는 이름의 2인승 에어 택시는 전기로 움직이며 한 번 충전으로 35킬로미터를 쉬지 않고 갈 수 있습니다. 최대 시속은 110킬로미터로 자동

차만큼 빠릅니다.

　가까운 미래에 비행 자동차가 상용화되면 탄소 배출이 줄어들어 환경을 보호하는 데 큰 도움을 줄 것입니다. 또한 수많은 도시의 골칫거리인 교통 혼잡도 해결할 수 있습니다. 길이 막히면 날개를 펴고 하늘을 날아가면 되니까요.

　어느 곳이든 신속하게 이동 가능해 도시에서 멀리 떨어진 조용한 시골 마을에 살아도 언제든지 빠르게 학교나 회사에 도착할 수 있습니다. 이처럼 비행 자동차는 이동 시간을 줄여줄 뿐 아니라 우리의 생활 방식에도 많은 변화를 가져올 것입니다.

7

비행기보다 빠른 자동차

오늘은 부산에 살고 계신
할머니의 생신이에요.
저녁에 온 가족이 모여
축하 파티를 열기로 했답니다.

며칠 전부터 선물을 고민하던 저는
목도리를 준비했답니다.
이제 곧 겨울이 되면 날씨가 추워질 테니까요.
물론 할머니가 가장 좋아하는 빨간색으로요.

오랜만에 할머니를 만난다고 생각하니
너무 설레서 가슴이 두근두근해요.
만나기로 한 시간은 저녁 6시, 장소는 할머니 댁입니다.
시계를 보니 어느새 한 시간밖에 남지 않았어요.

**제가 살고 있는 서울에서
할머니가 계신 부산까지 가려면
얼마나 걸릴까요?**

자동차를 타면 **4시간**이 넘고,
KTX를 타면 **2시간 30분**이 넘어요.
비행기도 **한 시간**이나 걸리죠.
그럼 저는 약속한 6시까지
부산에 갈 수 없는 걸까요?

걱정하지 마세요.
오늘은 초고속 열차 '하이퍼루프'를 타고
부산에 가기로 했으니까요.

하이퍼루프는 서울에서 부산까지
약 16분 만에 갈 수 있는 미래 이동 수단이랍니다.
비행기보다 빠른 하이퍼루프 덕분에
부산에서 할머니와 엄마, 아빠,
그리고 친척들을 만나고
할머니의 생신 축하 파티를 열었어요.

 미래학자가 들려주는 하이퍼루프 사회

1일 생활권에서 1시간 생활권으로

1989년에 개봉한 영화 〈007 리빙 데이라이트〉는 하이퍼루프가 등장한 최초의 영화입니다. 주인공 제임스 본드는 코스코프 장군을 체코슬로바키아에서 오스트리아로 탈출시키는 임무를 맡았습니다. 본드는 땅 밑에 사방으로 깔린 대형 가스관을 청소하는 캡슐에 장군을 태운 후 강한 압력을 가했습니다. 그러자 캡슐은 로켓이 발사하듯 빠른 속도로 가스관을 관통했고 장군은 순식간에 탈출했습니다.

하이퍼루프는 진공 튜브에서 열차를 이동시키는 새로운

방식의 교통수단입니다. 공기 마찰이 없는 신공 듀브에 캡슐형 열차를 로켓처럼 쏘아 보내는 방식으로 최고 속도로 시속 1,280킬로미터를 달릴 수 있는 수준입니다. 비행기의 최고 속도가 900킬로미터 정도이니 비행기보다 빨리 가는 열차라고 하겠습니다. 캡슐형 초고속 열차 시스템인 하이퍼루

프를 처음 제안한 것은 아이언맨의 실제 모델이자 전기 자동차 회사 테슬라 모터스의 CEO 일론 머스크입니다.

2013년, 일론 머스크는 블로그에 흥미로운 글을 올렸습니다. 미국 로스앤젤레스에서 샌프란시스코까지 30분 만에 갈 수 있는 새로운 교통 시스템인 하이퍼루프 프로젝트를 시작한다는 것입니다. 지금의 기차는 석유나 전기로 움직이지만 하이퍼루프는 무척 다릅니다. 완전히 밀폐된 터널을 만들고 내부의 기압을 낮춰 열차를 로켓처럼 쏘아 날리는 것입니다. 일론 머스크는 하이퍼루프 아이디어를 공개하며 이상적인 교통수단의 조건으로 다음과 같은 항목들을 꼽았습니다.

미래 교통수단의 조건

* 더 안전하다.
* 더 빠르다.
* 비용이 더 저렴하다.
* 더 편리하다.
* 날씨와 상관없이 운행할 수 있다.
* 지속적인 동력으로 운행한다.
* 지진에 대한 내구성을 갖췄다.
* 경로 근처의 사람이 불편하지 않아야 한다.

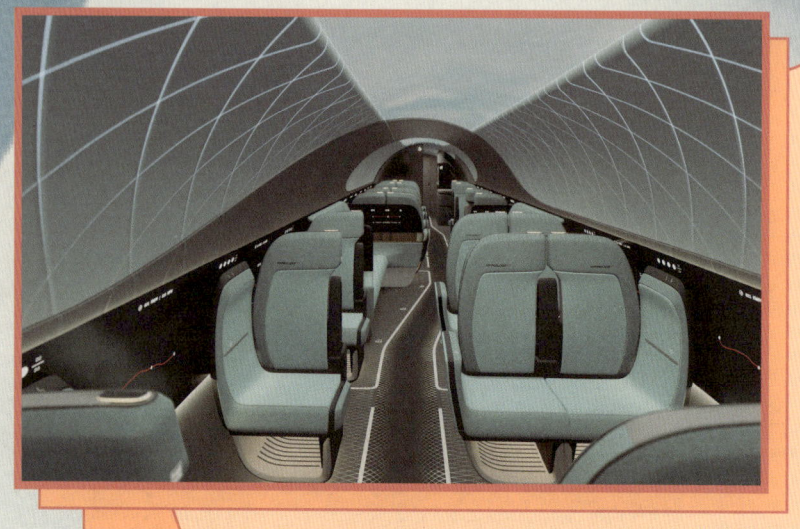

하이퍼루프에 관한 개념도는 누구나 자유롭게 수정하고 재배포할 수 있는 오픈 소스로 공개되었습니다. 이후 하이퍼루프 연구는 계속 이어지고 있습니다. 우리나라도 2016년에 '고속 캡슐 트레인'을 개발해 시속 700킬로미터 시험에 성공했으며, 한국철도기술연구원이 만든 축소형 모델은 사람이 타지는 않았지만 시속 1,019킬로미터를 기록했습니다. 2020년 11월에는 미국 네바다 사막에서 두 사람이 탄 하이퍼루프 열차가 시속 172킬로미터로 첫 유인 주행을 안전하게 마쳤습니다.

현재 개발 중인 하이퍼루프가 시속 1,200킬로미터 음속 주행 목표까지 성공한다면 서울에서 부산까지 걸리는 시간은 불과 16분밖에 되지 않습니다. 2004년에 KTX가 처음 도입되고 서울에서 부산까지 1일 생활권이 되었는데, 하이퍼루프가 현실이 되면 1시간 생활권으로 바뀌게 됩니다. 부산 해운대에 살아도 서울 강남에 있는 학교에 다닐 수 있는 것입니다.

총알처럼 발사하는 하이퍼루프는 자동차보다 안전하고 비행기보다 빠르며 자연 친화적입니다. 선로와 바퀴가 없어 탈선 위험이나 마찰력으로 인한 속도 문제도 없습니다.

온실가스 배출과 소음도 거의 존재하지 않는 것으로 알려진 하이퍼루프가 새로운 교통수단이 되면, 자동차로 뒤덮인 도로와 교통 체증 문제도 해결될 것입니다. 미래에 하이퍼루프가 일상에 들어오면 명절에도 빠르게 이동할 수 있습니다.

달나라로
수학여행 가자!

세계 최초의 우주인은
옛 소련의 공군 대위 유리 가가린입니다.
그는 1961년에 우주선 보스토크 1호를 타고
지구를 한 바퀴 돌았습니다.
우주에서 지구를 본 가가린은 이런 말을 남겼습니다.

"지구는 푸른 빛깔이었다."

8년 뒤, 미국의 우주선 아폴로 11호에 탄 우주인 **닐 암스트롱**과 **버즈 올드린**은 세계 최초 **달 착륙에 성공**했습니다. 이들은 약 21시간 동안 달에 머물면서 암석을 모은 뒤 무사히 지구로 돌아왔습니다.

민간인도 **우주여행을 할 수 있는 시대**가 되었습니다. 이처럼 영화에서나 가능했던 우주여행을 시도하는 사람들이 차차 늘고 있습니다. 2040년쯤에는 우리도 화성의 우주 정거장에서 이런 말을 듣고 있을지 모르겠습니다.

"잠시 후 화성에서 지구로 돌아가는 우주선이 출발합니다.
아직 탑승하지 않은 승객께서는
1번 승강장으로 오시기 바랍니다.
화성에서 달까지 가는 우주선을 탈 승객께서는
3번 승강장으로 가시기 바랍니다."

 미래학자가 들려주는 우주여행

놀이공원 대관람차 같은 우주 호텔

우리는 이미 과거에 상상했던 미래의 모습을 살고 있습니다. 만화 〈심술통〉으로 유명한 이정문 화백은 1965년에 '서기 2000년대의 생활의 이모저모'라는 작품을 그렸습니다. 여기에는 35년 후의 미래를 예측한 그림이 담겨 있습니다.

달나라 수학여행
태양열을 이용한 집
움직이는 도로

청소하는 로봇

전기 자동차

전파 신문(인터넷 신문)

원격 의료 진료

여기서 달나라 수학여행 외에는 모두 실제로 이루어졌습니다. 과거에는 상상에 그쳤던 것들이 시간이 지나면서 현실이 된 것입니다. 우주로 수학여행을 가는 것이 우리의 상상에서 현실이 될 날도 얼마 남지 않았습니다.

미국의 우주 개발 회사는 2025년부터 우주 호텔을 포함한 우주 정거장을 짓겠다고 발표했습니다. 우주 정거장은 우주에서 안정된 궤도를 유지하며 특정한 임무를 수행하고 우주선이 정박할 수 있는 환경을 갖춘 인공위성을 말합니다. 여기에 우주 호텔도 함께 짓는 것입니다. 세계 최초의 우주 호텔이자 우주 정거장의 이름은 '보이저 스테이션(Voyager Station)'입니다. 우리 말로 '여행자 정거장'이라는 뜻입니다. 미국항공우주국(NASA) 출신의 기술자들과 조종사, 그리고 유명 건축가들이 공사를 준비하고 있습니다.

보이저 스테이션은 지름이 200미터에 달하는 수레바퀴 모형으로 마치 놀이공원의 대관람차를 보는 것 같습니다. 우주 공간에서 빠르게 회전하며 지구 중력의 6분의 1인 달의 중력과 비슷한 인공 중력을 만들어냅니다. 우리는 끌어당기는 힘인 중력 덕분에 지구 밖으로 떨어지지 않고 땅 위를 걸어다닐 수 있습니다. 우주에는 중력이 없으므로 보이저 스테이션은 회전을 통해 인공적으로 중력을 만드는 것입니다.

우주여행 또는 우주 수학 여행을 온 사람들은 보이저 스테이션에 머물며 고요한 우주의 모습을 마음껏 볼 수 있습니다. 이곳은 일반 호텔처럼 여러 개의 방과 식당, 영화관, 전망대 등을 갖췄습니다. 우주 호텔은 90분마다 지구를 공전하는데 마치 유람선을 타고 세계여행을 하는 것 같은 기분이 들 것입니다. 눈 덮인 에베레스트의 모습이나 바다를 지나는 토네이도 등을 구경할 수도 있습니다.

너무 멀리 있다고 생각했던 우주는 어느새 우리 곁으로 가까이 다가왔습니다. 신비로운 우주 공간을 여행하는 모습은 여러분의 미래입니다.

생각해 보기

오늘의 일정

오후 12시 : 부산 할머니 집에서 점심 먹기
오후 3시 : 미국 뉴욕에 있는 친구와 함께 과제하기
저녁 7시 : 일본 도쿄에서 맛있는 초밥 먹기
저녁 9시 : 서울로 돌아오기

불과 몇 년 후면 우리는 하루에 우리나라 곳곳과 세계 여러 나라를 오가며 생활하게 될지도 모릅니다. 이것은 허무맹랑한 이야기가 아닙니다. 하이퍼루프를 이용하면 서울에서 부산까지 16분 만에 갈 수 있습니다. 아침은 서울에서, 점심은 부산에서, 저녁은 제주도에서 먹을 수 있는 날이 오는 것입니다.

그뿐 아니라 한 시간대로 전 세계를 이동할 수 있는 '하이퍼소닉(극초음속)' 우주 비행기를 타면 아침은 대한민국에서, 점심은 독일에서, 저녁은 미국에서 먹을 수 있는 날도 오게 될 것입니다. 하이퍼소닉은 우주 비행기가 이륙한 뒤 지구 대기권 밖 우주 공간에서 시속 약 1만 5,000킬로미터로 비행한 뒤 목적지에 착륙하는 방식입니다.

이처럼 미래에 교통수단이 발달해 하루 동안 세계 곳곳을 누빌 수 있는 시대가 온다면, 여러분은 어디에서 살고 싶은가요?

9

우리가 살고 있는 세상은 진짜일까?

영화 〈매트릭스〉의 주인공 토머스 앤더슨이 살고 있는 시대는 1999년입니다. 토머스는 낮에는 평범한 프로그래머로 활동하지만 밤에는 네오라는 이름의 해커로 변신합니다. 어느 날 네오의 앞에 전설적인 해커 모피어스가 나타났습니다. 그는 네오에게 이렇게 물었습니다.

"진짜 현실 같은 꿈을 꿔 본 적 있나?
그리고 그런 꿈에서 깨어날 수 없다면?"

이 말의 뜻은 네오가 살고 있는
이 세상이 진짜가 아니라는 것입니다.
현재는 1999년이 아니라 200년 뒤인 2199년이며,
이곳은 **인공지능**이 만들어 낸 **가상현실**인
'**매트릭스**'라는 것입니다.

즉 가상세계 밖에
진짜 현실이 존재하고 있었습니다.

믿을 수 없을 만큼 놀라운 진실을 알게 된 네오에게 모피어스는 '빨간 약'과 '파란 약'이라는 두 가지 선택지를 건넸습니다.

'파란 약'을 먹으면

지금 알게 된 사실을 모두 잊고 원래의 일상으로 돌아갈 수 있습니다. 하지만 진짜보다 더 진짜 같은 가상현실 속에서 평생 인공지능의 노예로 살아가야 합니다.

'빨간 약'을 먹으면

매트릭스에서 벗어나 네오가 처한 암담한 진실을 마주하게 됩니다. 대신 인공지능과 싸울 수 있습니다.

네오는 과연
어떤 선택을 했을까요?

 미래학자가 들려주는 디지털 트윈 사회

기계가 되어 영원히 살 수 있는 세상

영화 〈매트릭스〉의 네오가 경험한 것은 '디지털 트윈'입니다. 말 그대로 디지털 공간에 현실을 그대로 복제해 디지털로 쌍둥이를 만드는 것이죠.

영국의 로봇 과학자 피터 스콧 박사는 몸의 모든 근육이 점차 마비되는 루게릭병 환자입니다. 그는 숨을 쉬는 근육마저 마비되어 목숨을 잃기 전에 자신의 디지털 트윈을 만드는 프로젝트를 진행했습니다. 먼저 인공지능 전문가와 로

봇 전문가들의 도움으로 '피터 2.0'이라는 자신의 얼굴과 유사한 아바타를 만들었습니다. 그리고 입 안의 근육이 마비되기 전에 다양한 어조로 최대한 많은 말을 녹음한 뒤 모두 피터 2.0에 입력했습니다. 딥 러닝 기술을 통해 피터 2.0은 단순한 답변이 아니라 실제 스콧 박사처럼 생각하고 말하는 법을 배웠습니다. 스콧 박사는 이렇게 말했습니다.

"나는 계속 진화할 것이다. 인간으로는 죽어가지만, 사이보그로 살아갈 것이기 때문이다."

세계 최초 사이보그 인간 프로젝트를 진행한 피터 박사

는 2022년 6월에 세상을 떠났습니다.

하지만 그의 디지털 트윈 피터 2.0은 아직 세상에 남아 그를 아는 사람들과 소통하고 있습니다.

기계가 되어 영원히 살 것이라던 피터 박사의 꿈이 이루어진 것입니다.

머지않은 미래에 누구든 원한다면
디지털 트윈을 가질 수 있습니다.
가상세계와 현실의 경계가 점점 더 허물어지고
기술이 발달하면 디지털 트윈에
내 생각과 말투를 입력할 필요도 없어질 것입니다.

뇌에서 바로 컴퓨터로 생각을 옮길 수 있고, 여기서 더 발전하면 우리의 기억과 의식까지 통째로 컴퓨터에 저장하는 시대가 올 것입니다. 이를 위해 뇌에 아주 작은 칩을 꽂아 여기에 기억이나 생각을 저장하는 기술을 개발 중입니다.

우리가 사는 이 세상도 디지털 트윈을 활용하고 있습니

다. 가상현실 속 쌍둥이를 대상으로 실제로 일어날 수 있는 다양한 상황을 실험해 보고 결과를 예측하는 데 활용하는 것입니다.

예를 들어 태풍이나 지진으로 인한 피해 결과를 예측하기 위해 실제 지형과 똑같은 공간을 가상현실 세계에 만듭니다. 여기서 다양한 규모의 지진이나 태풍을 실험해 본 뒤 그 결과에 따라 경보의 수위를 조정하고 미리 대책을 세울 수 있습니다. 또한 복잡하고 어려운 수술을 앞둔 의사가 디지털 트윈을 대상으로 미리 수술을 진행해 성공률을 높이는 것도 가능합니다.

유럽연합(EU)은 디지털 트윈을 지구에도 적용하려 합니다. 지구를 컴퓨터에 그대로 복사해 쌍둥이 지구인 '데스티네이션 어스(Destination Earth)'를 만드는 것입니다. 지구의 쌍둥이를 통해 인류에게 일어날 기후 변화와 재난 등을 미리 살펴보고 미래에 어떤 일이 벌어질지를 먼저 파악하기 위해서입니다. 구름의 움직임부터 기온의 변화, 빙하가 녹는 속도, 산불, 홍수, 폭풍 등 지구에서 일어날 가능성이 있는

다양한 현상을 미리 알면 피해를 줄일 수 있고, 그런 일이 발생하지 않도록 대책을 세울 수도 있습니다.

디지털 트윈은 단순히 쌍둥이를 구현하는 것이 아니라
타임머신을 타고 미래에 다녀온 것 같은 효과를 발휘할 것입니다.

10

"나는 인간인가, 기계인가?"

26세기의 지구에는 대추락 이후 마지막 공중 도시 '자렘'과 이곳에서 땅으로 버리는 쓰레기 더미에서 생겨난 '고철 도시'만이 남았습니다. 첨단 과학이 발달한 미래의 지구에서는 신체 일부를 기계로 개조하는 사이보그가 일상이 되었습니다.

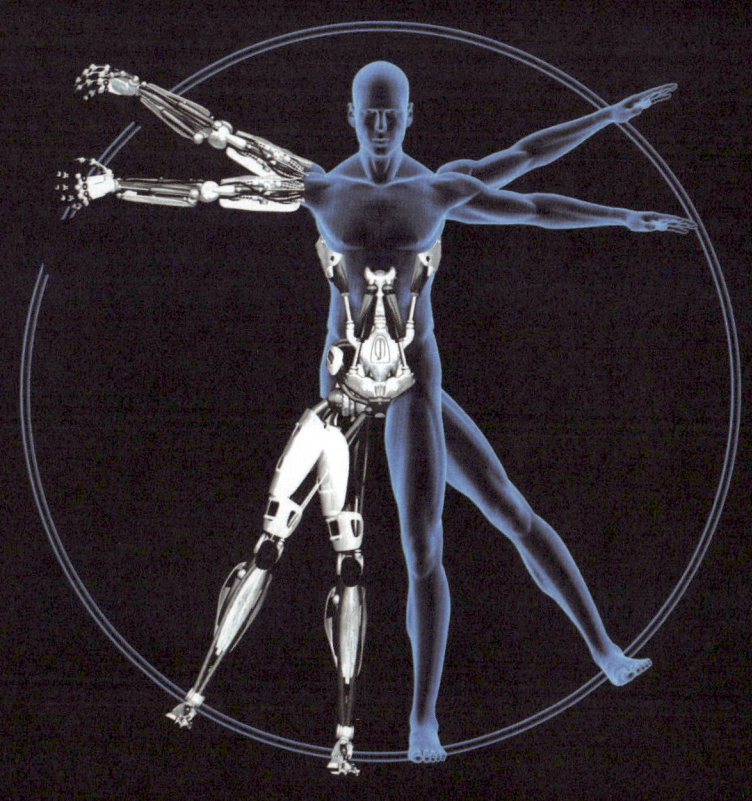

상위 0.1퍼센트의 부자들은 자렘에서 천국 같은 생활을 하며 끊임없이 신체와 장기를 새로운 기계로 바꾸고 있습니다. **인간의 신체는 모두 기계로 대체**할 수 있어 뇌만 살아 있도록 관리하면 **영원히 죽지 않을 수** 있기 때문입니다.

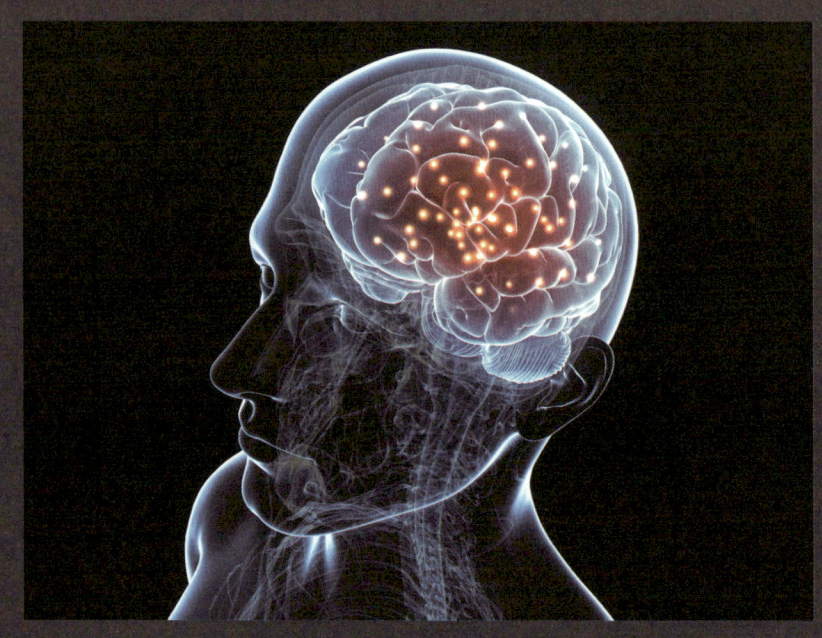

반면 고철 도시의 가난한 사람들은 자렘에서 버린
고장 난 기계를 모아 하루하루 연명할 뿐입니다.
만일 우리의 두뇌를 제외한 모든 것이
기계로 이루어져 있다면

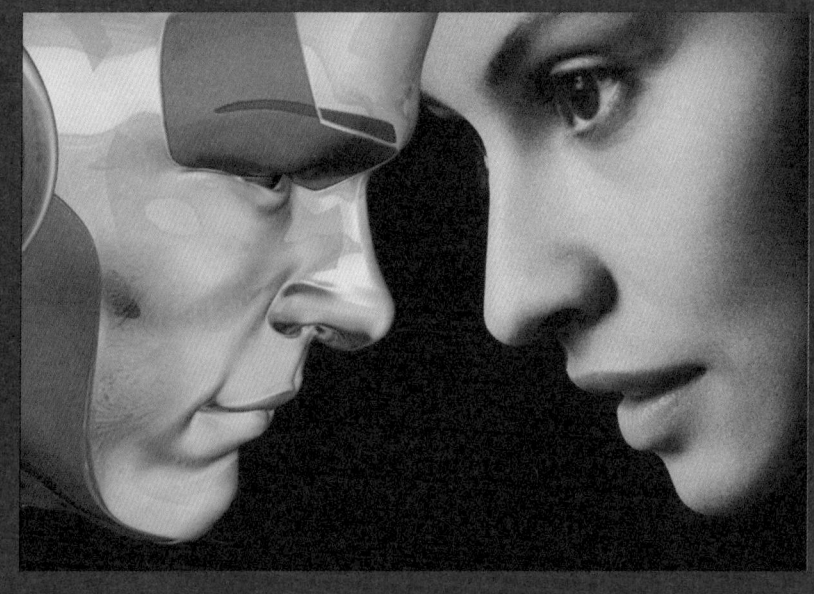

우리는 과연

인간일까요?

아니면

기계일까요?

사회탐구

 미래학자가 들려주는 트랜스 휴먼 사회

세상에서 가장 위험한 생각, 트랜스 휴머니즘

앞의 이야기는 영화 〈알리타: 배틀 엔젤〉의 배경이 되는 미래의 모습입니다. 수많은 SF 작가들이나 영화감독 또는 미래를 연구하는 학자들은 가까운 미래에 지금의 인류가 사라질 것이라고 예견합니다. 빈자리는 새로운 인류가 차지하는데 그들은 인간과 기계가 결합한 사이보그와 같은 형태일 가능성이 큽니다. 미래학자들은 인간의 장기가 기계화

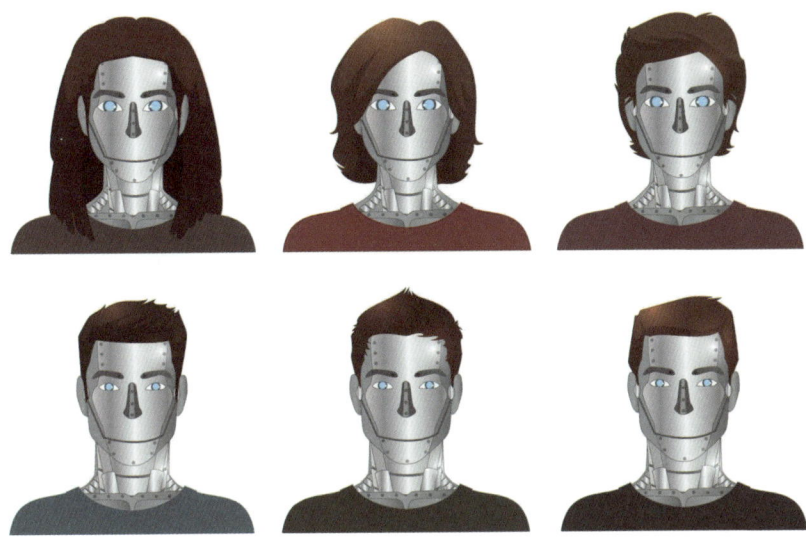

되어 완벽한 사이보그가 되면 죽지 않고 평생 살 수 있다고 예측합니다.

이 세상은 이미 인간의 신체 일부를 기계로 대체하고 있습니다. 심장이 정상석으로 뛰지 않을 때 인공 심장 박동기라는 장치를 삽입해 심장이 규칙적으로 뛰게 합니다. 뼈와 뼈를 연결해주는 관절이 손상되면 인공 관절로 교체하기도 합니다. 이 외에도 인공 혈액, 인공 각막, 인공 신장, 인공 심장, 인공 고막, 인공 식도 등 인간의 신체나 장기를 대신할 수 있는 것들이 개발 중입니다. 이제 타고난 것보다 튼튼하고 조금만 약해져도 곧바로 교체할 수 있는 인공 장기가 우리 곁에 성큼 다가와 있습니다.

영국의 예술가 닐 하비슨은 공식으로 인정받은 인류 최초의 사이보그입니다. 선천적으로 색을 구별하지 못하는 색맹이라는 장애를 가지고 태어난 그는 오직 검은색과 흰색만 구분할 수 있었습니다. 미술 작업을 너무도 하고 싶었던 그는 컴퓨터 과학자들과 함께 색을 인식하는 마이크로칩을 개발했습니다. 2003년에 그는 자신의 뇌에 칩을 심고, 두개골에 구멍을 뚫어 안테나도 설치했습니다. 칩은 안테나를 통해 각각의 색이 나타내는 빛의 파장을 받아 이를 다시 소리 신호로 바꿔줍니다. 즉 색깔을 눈으로 보는 것이 아니라 소리로 만들어 귀로 듣는 것입니다. 닐 하비슨은 무려

360여 가지 색깔을 정확히 구별할 수 있고 우리 눈에 보이지 않는 적외선과 자외선까지 인식할 수 있습니다.

국회미래연구원이 전망한 2050년 인류의 모습도 영화 〈알리타: 배틀 엔젤〉과 매우 비슷합니다. 인간의 수명은 150세까지 늘어나고 트랜스 휴먼(Transhuman)이 본격화될 것으로 예측했습니다. 트랜스 휴먼은 인공 장기와 유전자 조작 기술, 그리고 인간의 지식과 육체 능력을 향상시키는 인간 증강 기술 덕분에 표준 인간보다 수명이 길고 능력이 뛰어난 존재입니다.

미래에 뇌의 핵심 기능인 인지와 기억을 데이터로 만드는 기술이 가능해지면 트랜스 휴먼은 죽지 않고 평생 살 수 있습니다. 개인의 뇌에 저장된 정보를 컴퓨터에 업로드한 다음 뇌를 신체에서 분리힐 수 있고, 뇌에 칩을 심어 컴퓨터와 연결할 수도 있습니다. 즉 인간과 인공지능이 결합한 하이브리드 두뇌를 만드는 것입니다. 일론 머스크는 이를 가리켜 '뇌 임플란트'라고 하며 미래학자 레이 커즈와일은 2030년 이후에 실제로 이 기술이 가능할 것으로 예측합니다.

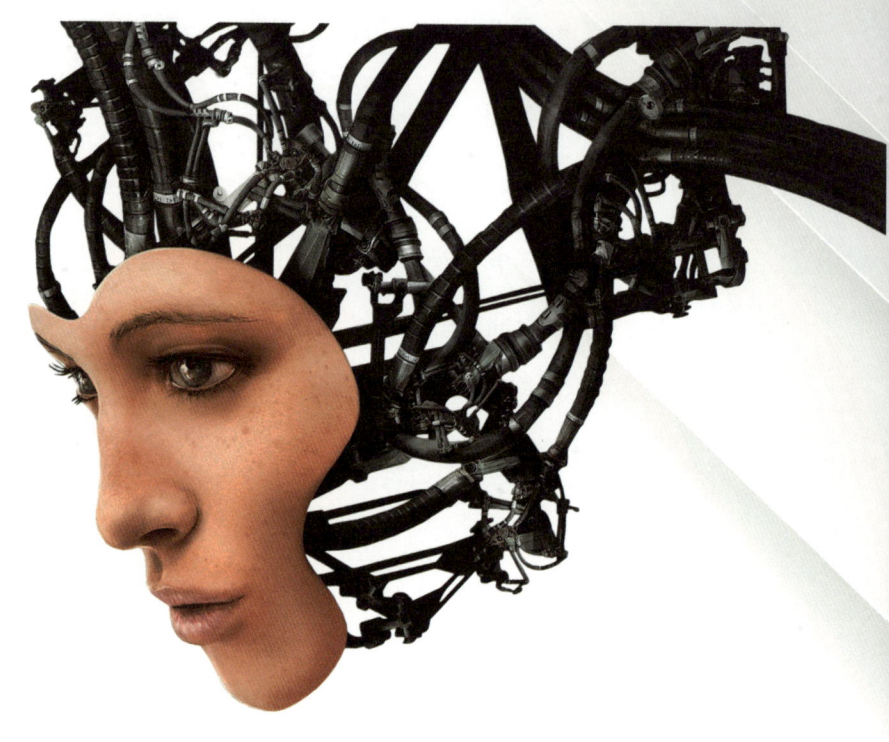

트랜스 휴먼의 등장은
인간의 수명을 늘려주고 결국에는
영원히 생각할 수 있게 해줄 것입니다.
미래는 기계화된 존재가 인류를 대신해 지배하는
세상이 될 수도 있습니다.

만일 인간과 기계의 연결이 끊어진다면
우리는 어떻게 될까요?
그리고 기계와의 연결 없이는 할 수 있는 것이 거의 없는
트랜스 휴먼은 과연 인간이 맞을까요?

11

2035년, 지구의 장례식이 열린다

2019년 9월, 스위스에서 특별한 장례식이 열렸습니다.
2006년부터 녹기 시작해 곧 사라질 위기에 처한
알프스산맥 피졸 빙하의 장례식입니다.
높이 2,700미터에 자리했던 피졸 빙하는
어느새 **전체 얼음의 10퍼센트**밖에 남지 않았습니다.
이제는 예전의 모습을 찾을 수 없게 된 것이죠.
약 250명이 모여 피졸 빙하에 작별 인사를 했습니다.

피졸 빙하의 사망 원인은 기후 변화에 따른 지구 온난화입니다.

현재 전 세계 곳곳에서 빙하 장례식이 열리고 있습니다. 빙하학자들은 온실가스 배출이 지금처럼 계속 증가한다면 2100년까지 알프스산맥에 있는 **4,000여 개의 빙하 중 90퍼센트 이상이 녹아 사라질 것이라고 경고합니다.**

만일 인류가 대응책을 내놓는다고 해도 2100년까지 최소 절반 이상의 알프스산맥 빙하가 사라질 것입니다. 이 같은 기후 변화는 지구에 위기를 불러오고 있습니다. 빙하가 녹아 해수면이 상승하면 바닷가 근처의 도시는 물에 잠겨 기후 난민이 발생합니다.

기후 변화가 이대로 진행된다면……

아마도 2035년 쯤에는 지구의 장례식을 치러야 할지도 모르겠습니다.

 미래학자가 들려주는 기후 변화 사회

기후 난민, 우리의 미래가 될 수 있다

이오아네 테이티오타는 남태평양에 있는 매우 작은 나라 키리바시에서 대대로 살아온 사람입니다. 그는 2020년에 세계에서 처음으로 유엔으로부터 기후 변화로 인한 난민 인정을 받았습니다.

세계 곳곳의 빙하가 녹으면서 해수면이 빠르게 상승하자, 섬나라인 키리바시는 조금씩 물에 잠기기 시작했습니다. 이곳에 사는 사람들은 모래주머니를 만들어 방파제를

쌓는 것이 일상이 되었습니다. 땅이 잠긴다는 것은 농사지을 땅과 생활할 수 있는 집이 사라진다는 뜻입니다. 유엔은 2050년이 되면 키리바시가 완전히 물에 잠길 것으로 전망합니다.

기후 난민은 키리바시만의 문제가 아닙니다. 이제껏 난민

은 전쟁이나 분쟁으로 살아갈 땅을 잃거나 생활이 어려운 사람들이 대부분이었습니다. 그런데 지금은 기후 변화가 몰고 온 재난으로 발생한 난민이 세 배 이상 많습니다. 환경보호단체 그린피스에 따르면 2008년부터 전 세계에서 1분마다 약 41명의 기후 난민이 발생하고 있다고 합니다. 호주의 한 연구소가 각종 세계기구의 기후 관련 자료를 분석한 결과 2050년까지 총 141개국이 최소 하나 이상의 기후 변화에 따른 위험에 빠질 것으로 나타났습니다. 이 중 19개 국가는 최소 4개 이상의 위협에 노출되며 이러한 인구를 모두 합하면 21억 명 가까이 됩니다. 2023년에 전 세계 인구수가 80억 명을 넘을 것으로 보이는데 그중 21억 명이 기후 난민이 될 수 있다는 것입니다.

지구 온난화는 가뭄과 홍수, 해수면 상승과 폭염 등의 기후 변화를 불러일으킵니다. 이로 인한 물 부족과 식량난으로 고통 받는 사람들이 늘고 있습니다. 2012년 미국 뉴욕을 강타한 허리케인, 2021년 캐나다를 덮친 최고 기온 50도의 폭염, 2022년 소말리아의 가뭄으로 인한 대기근 등으로 목숨을 잃은 사람들 모두 기후 난민입니다. 지금부터 기후 위기에 대처하기 위해 우리와 국가가 반드시 해야 할 것들을 알아보겠습니다.

첫째, 기후 위기가 발생하기 전에 미리 경고하는 시스템을 만들어야 합니다. 가뭄, 홍수, 태풍, 산불 등이 발생할 조짐을 보이거나 가능성이 높아지면 미리 대비하도록 알려주는 것입니다. 1970년 방글라데시에서는 거대 사이클론이 발생했습니다. 이로 인해 30만 명이 넘는 사람이 목숨을 잃었습니다. 그 후 방글라데시는 사이클론에 대비해 수천 개의 대피소를 만들고 조기 경보 시스템을 만들었습니다. 그 결과 2017년 또 다시 사이클론이 덮치기 전에 수십만 명을 긴급히 대피시켰고 사망자는 10여 명 정도였습니다.

둘째, 기후 변화에 잘 견디는 식량을 연구해야 합니다. 지구 온난화가 진행될수록 해충과 질병이 전 세계로 퍼지고 농작물도 파괴됩니다. 이러한 환경에 잘 적응할 수 있는 농작물을 개발하고 토지를 관리한다면 식량난에 허덕이는 난민을 줄일 수 있습니다.

셋째, 지구 생태계를 복원해야 합니다. 기술로 기후 변화에 따른 자연 재해를 줄일 수는 있지만 완전히 없앨 수는 없습니다. 따라서 이미 파괴된 자연 생태계를 복원하는 데 관심을 기울여야 합니다. 해안 지역에 번성하는 맹그로브 숲은 홍수를 방어하고 폭풍우로부터 저지대 해안을 보호합니다. 아울러 다른 숲보다 10배나 많은 이산화탄소를 흡수합니다.

그러나 안타깝게도 세계 맹그로브 숲의 35퍼센트가 이미 파괴된 상태입니다. 기후 변화에 적응하고 살아남기 위해서는 맹그로브 숲과 같은 생태계 복원에 힘써야 합니다. 우리나라는 갯벌이 약 1,300만 톤의 탄소를 저장하고 있으며 연간 26만 톤의 이산화탄소를 흡수한다는 사실을 밝혀냈고, 갯벌 복원을 추진하고 있습니다.

《어린 왕자》를 쓴 작가 생텍쥐페리는 "우리는 지구를 조상에게서 물려받은 것이 아니라 후손에게서 빌려 쓰고 있는 것이다"라고 말했습니다. 그런데도 우리는 후손에게서 빌린 지구를 파괴하고 있습니다. 바꾸는 것이 없다면 기후 난민은 곧 우리의 미래가 될 수 있습니다.

12

참치처럼 생겼고 참치 맛이 나지만 진짜 참치는 아니다

오늘 아침에 배가 너무 고파서 편의점에 들렀다.

'무얼 먹을까?'

진열대를 이리저리 살펴보다가
참치마요 삼각김밥을 집어 들었다.

이 삼각김밥 안에 들어간 참치는 통조림 참치가 아닌
참치 대체육이다.
대체육은 진짜 고기처럼 만든 **인공 고기**를 말한다.
그러니까 참치처럼 생겼고 참치 맛이 나지만
진짜 참치는 아니라는 것!

수업이 끝나고 집에 가니 맛있는 저녁이
나를 기다리고 있었다.
내가 좋아하는 새우튀김과 치킨을 실컷 먹었다.
아빠는 평소 좋아하는 위스키라는 술을 마셨다.
저녁을 다 먹고 난 뒤에는 아이스크림도 먹었다.

새우와 닭고기, 그리고 아빠가 마신 위스키와 아이스크림 모두 **진짜 같은 대체 식품**이다. 새우와 닭고기는 대체육이고 위스키는 비슷한 향과 맛을 내지만 실제 술은 아니다. 아이스크림도 슈가애플이라는 과일에서 뽑아낸 재료를 넣어 우유 맛이 나지만 우유는 전혀 들어 있지 않다. 2030년인 지금은 정말 다양한 대체 식품이 나오고 있다.

 미래학자가 들려주는 대체 식품 사회

돼지, 소, 닭 농장이 사라진다

네덜란드는 세계에서 여섯 번째로 돼지고기를 많이 생산하는 나라입니다. 네덜란드의 인구는 약 1,750만 명인데 전체 인구가 먹을 수 있는 돼지고기의 3.2배를 생산합니다. 그런데 2022년 8월에 네덜란드 정부는 전체 가축의 30퍼센트를 줄이겠다고 선언했습니다. 지금은 돼지 축사부터 허물고 있지만, 앞으로는 소고기와 닭고기 등 모든 육류 생산을 줄이겠다는 것입니다.

돼지고기 수출로 많은 돈을 버는 네덜란드가 돼지 축사를 허물고 가축의 수를 줄이는 이유는 무엇일까요? 축산업의 규모가 커질수록 삶의 다른 조건을 위협하기 때문입니다. 네덜란드에는 소 400만 마리, 돼지 1,200만 마리, 닭 1억 마리가 삽니다. 이들 가축이 내뿜는 질소의 양이 너무 많아 환경이 크게 오염됐습니다. 실제로 전 세계 가축이 배출하는 온실가스는 전체 배출량의 14.5퍼센트를 차지합니다. 결국 온실가스의 주범 중 하나인 질소 배출을 감소하기 위해 가축을 줄이기로 한 것입니다.

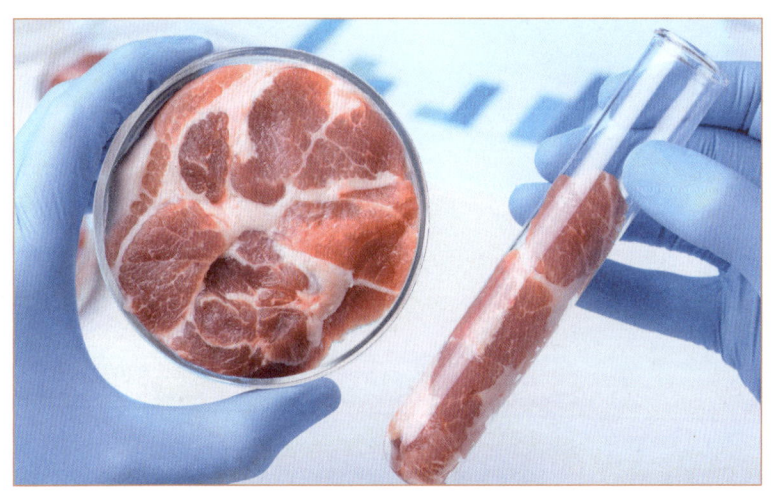

스탠퍼드 대학교의 **토니 세바**˙ 교수는 2030년까지 축산업과 낙농업의 71퍼센트가 감소하고, 2035년에는 소고기와 유제품의 수요가 90퍼센트 가까이 줄어들 것이라고 예견합니다. 닭고기와 돼지고기 역시 비슷할 것이라는 전망입니다.

˙**토니 세바** Tony Seba
토니 세바는 에너지와 전기 자동차 전문가예요. 미국 스탠퍼드 대학교에서 에너지와 자동차의 미래에 관해 가르쳤어요. 그는 2030년 이후에는 대부분의 자동차가 전기차로 바뀔 것이며, 전기차는 바퀴 달린 컴퓨터와 같다고 말했어요.

2035년이 되면 돼지, 소, 닭 등의 농장이 사라지고 축산업이 붕괴할 가능성이 높습니다.

그런데 수많은 사람들이 고기를 좋아합니다. 삼겹살이나 스테이크처럼 구워 먹기도 하고 프라이드 치킨처럼 튀겨 먹기도 하며, 햄버거와 불고기 등 다양한 방법으로 고기를 맛있게 먹습니다. 가축이 줄어들면 앞으로 고기는 어떻게 구해야 할까요?

이런 문제를 해결하기 위해 등장한 것이 대체육과 배양육입니다. 대체육은 앞에서 이야기한 것처럼 비 동물성 재료로 모양과 식감을 고기와 유사하게 만든 식재료입니다. 주로 밀이나 콩, 버섯 등에서 식물성 단백질을 얻어 고기와 유사한 모양과 식감, 맛을 만들어냅니다. 아직은 실제 고기와 차이가 있으며 이를 보완하기 위해 다양한 방법을 시도하고 있습니다.

배양육은 근육 줄기세포와 배아 줄기세포를 배양액 속에서 키워 살코기를 만드는 기술입니다. 3D 프린팅을 이용해 살코기를 사람들이 먹는 고기와 최대한 비슷하게 만듭니다.

이미 소, 닭, 오리, 새우, 연어 등 다양한 배양육이 개발되었습니다.

  2035년 이후에는 축산업이나 낙농업 등 길러서 얻는 식재료보다 대체육과 배양육 등 기술에서 얻는 식재료가 차지하는 비중이 더 높을 것입니다. 그 결과 안정적으로 식량을 확보하고, 비위생적인 환경에서 가축을 사육하지 않아도 되며, 영양가 높은 식재료를 사용한 음식을 먹을 수 있습니다. 그뿐 아니라 땅을 99퍼센트 적게 사용하고, 물 사용을 82~96퍼센트까지 줄이며, 이 과정에서 온실가스 배출도 78~96퍼센트까지 줄일 수 있습니다.

이렇게 보존한 토양에 가축 대신 다양한 식물과 생물이 자라나 숲이 형성되면 지구 온난화를 늦출 수 있습니다. 음식의 변화가 환경의 변화로 이어지면 몸살을 앓고 있는 지구에도 새로운 변화가 찾아올 것입니다.

생각해 보기 - 기후 변화편

2050년이 되면 세계 인구는 지금의 약 80억 명에서 90억 명 이상으로 증가할 것으로 예상됩니다. 인구가 늘어난다는 것은 그만큼 많은 에너지와 천연자원을 사용한다는 뜻이기도 합니다. 우리는 지금 전기 없이 살 수 없습니다. 전기를 만드는 데는 석유, 석탄, 천연가스와 같은 에너지가 필요합니다. 이러한 에너지를 사용할 때 많은 양의 이산화탄소가 배출됩니다.

인구가 증가하면 그만큼 많은 양의 식량도 필요합니다. 우리가 먹는 음식이 만들어지는 과정에서도 엄청난 양의 온실가스가 배출됩니다. 전 세계 온실가스의 35%가 식량 생산과 관련해 발생합니다. 특히 소고기, 돼지고기, 닭고기 등의 육류와 우유 등 동물성 식량 생산에서 많이 나옵니다.

이처럼 온실가스 발생이 계속 증가하면 2050년의 우리나라는 숨쉬기 힘든 곳이 됩니다. 폭우와 태풍도 자주 발생해 언제 위험에 빠질지 모릅니다. 지구 온난화와 기후 변화를 막기 위해 우리가 할 수 있는 일은 무엇일까요?

독후 활동

주제어
미래보고서, 사물 인터넷, 스마트 시티, 로봇, 인공지능, 딥 러닝, 나노봇, 자율 주행, 비행 자동차, 하이퍼루프, 디지털 트윈, 트랜스휴먼, 기후 변화, 지구 온난화, 대체 식품

대상
초등학교 4학년~중학교 1학년

관련 교과
4학년 과학 〉 기후 변화와 우리의 생활
5학년 실과 〉 효율적인 수송 수단
6학년 과학 〉 과학과 나의 진로
6학년 사회 〉 지속 가능한 지구촌
중학교 1학년 과학 〉 과학기술과 인류의 지속 가능한 삶
중학교 1학년 과학 〉 과학과 나의 미래

◆◆◆◆ 내용 알기 ◆◆◆◆

1. 주어진 단어에 알맞은 뜻을 찾아 연결해 보아요.

스마트 더스트 ●   ● 인공지능이 인간의 지능보다 더 강력해지는 것

웨어러블 로봇 ●   ● 사람이 입을 수 있는 기계로 된 옷

딥 러닝 ●   ● 디지털 공간에 현실을 그대로 복제하는 것

특이점 ●   ● 캡슐형 초고속 열차 시스템

하이퍼 루프 ●   ● 컴퓨터가 인간처럼 스스로 학습하는 것

보이저 스테이션 ●   ● 초소형 센서들이 잔뜩 모여 있는 것

디지털 트윈 ●   ● 우주 호텔이자 우주 정거장

2. 가로세로 낱말 퍼즐

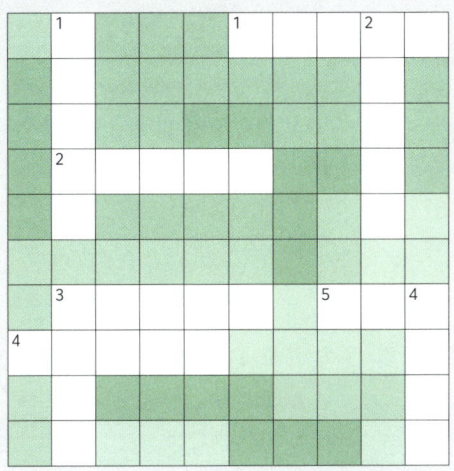

가로 열쇠

1. 전기 자동차 회사 테슬라, 우주 탐사 기업 스페이스X를 세운 사람
2. 인공 장기와 유전자 조작으로 표준 인간보다 수명이 길고 능력이 뛰어난 존재
3. 수많은 사물과 부품이 인터넷으로 연결된 것
4. 서울에서 부산까지 16분 만에 갈 수 있는 캡슐형 초고속 열차 시스템
5. 세계 최초 사물 인터넷은 코카콜라 ○○○

세로 열쇠

1. 디지털 공간에 현실을 복제해 쌍둥이를 만드는 것
2. 사물 인터넷이 도시 전체에 연결되는 것
3. 신체 일부를 기계로 개조한 인간
4. 기후 변화로 살아갈 땅을 잃거나 생활이 어려운 사람들

3. 인류에게 일어날 기후 변화와 재난을 살펴보기 위해 유럽연합에서 지구를 컴퓨터에 그대로 복사한 것은 무엇인가요?
    ① 콜로서스   ② 데스티네이션 어스
    ③ 매트릭스   ④ 볼로콥터

4. 기후 변화가 몰고 온 재난으로 살아갈 땅을 잃거나 생활이 어려운 사람들을 무엇이라 부르나요?
    ① 알리타   ② 그린피스
    ③ 사이보그   ④ 기후 난민

5. 사물 인터넷이 집과 회사를 넘어 도시 전체에 연결되는 것은 무엇인가요?
    ① 스마트 시티 ② 휴머노이드
    ③ 스마트 더스트 ④ 로보 사피엔스

6. 트랜스 휴먼에 관한 설명 중 틀린 것을 고르세요.
    ① 신체 일부분을 인공 장기로 교체한다.
    ② 표준 인간보다 지식과 육체 능력이 뛰어나다.
    ③ 기계 없이도 영원히 살 수 있는 사람이다.
    ④ 뇌를 신체에서 분리할 수도 있다.

7. 완전 자율 주행에 관한 설명 중 틀린 것을 고르세요.
    ① 운전자가 없어도 자동차가 알아서 목적지까지 운행한다.
    ② 핸들과 브레이크를 조작할 줄 알아야 한다.
    ③ 내가 있는 곳까지 스스로 자동차가 찾아온다.
    ④ 운전 대신 하고 싶은 것을 자동차에서 마음껏 즐길 수 있다.

8. 사물 인터넷으로 가능한 일을 고르세요.
   ① 죽지 않고 평생 살 수 있다.
   ② 서울에서 부산까지 16분 만에 갈 수 있다.
   ③ 우주여행을 할 수 있다.
   ④ 집에 들어가기 전에 미리 보일러를 틀 수 있다.

9. 다음의 빈 칸에 들어갈 알맞은 말을 채우세요.

   > 2016년, 미국의 로봇 공학자 데이비드 핸슨은 사람과 유사한 생김새를 한 인공지능 로봇 (   )를 개발했습니다. 로봇을 연구하는 과학자들은 딥러닝 덕분에 로봇은 점점 더 인간다워질 것이며, (   )년이 되면 이 세상에 인간보다 로봇이 더 많아질 것으로 예측합니다.

10. 다음의 빈 칸에 들어갈 알맞은 말을 채우세요.

    > 네덜란드는 세계에서 여섯 번째로 (   )를 많이 생산하는 나라입니다. 2022년 8월에 네덜란드 정부는 전체 (   )의 30%를 줄이겠다고 선언했습니다. 이들이 내뿜는 (   )의 양이 너무 많아 환경이 크게 오염됐기 때문입니다.

11. 다음의 빈 칸에 들어갈 알맞은 말을 채우세요.

    > 세계 최초의 사물 인터넷은 (   ) 자판기 입니다. 카네기 멜론 대학교의 학생들은 자판기에 (   )을 연결했습니다.

사회탐구

◇◇◇◇ **깊이 생각하기** ◇◇◇◇

1. 지구 온난화는 가뭄과 홍수, 해수면 상승과 폭염 등의 기후 변화를 불러일으킵니다. 이로 인해 수많은 사람들이 목숨을 잃거나 생활이 어려워졌으며, 물 부족과 식량난으로 고통 받는 사람들이 늘고 있습니다. 지금부터 기후 위기에 대처하기 위해 우리와 국가가 반드시 해야 할 일은 무엇일까요?

2. 머지않은 미래에 누구든 원한다면 디지털 트윈을 만들 수 있습니다. 가상 공간에 나와 똑같은 모습을 하고 나처럼 생각하고 말하는 쌍둥이를 만드는 것입니다. 여러분은 디지털 트윈을 만들고 싶나요? 그렇다면 그 이유는 무엇인가요? 만일 만들고 싶지 않다면 그 이유는 무엇인가요?

◆◆◆◆ **더 나아가기** ◆◆◆◆

1. 책에서 가장 흥미로웠던 내용은 무엇인가요?
   그 이유도 함께 알려주세요.

2. 10년 후 미래에 나는 어떤 일을 하고 싶은가요?

해답

◆◆◆◆ 내용 알기 ◆◆◆◆

1.

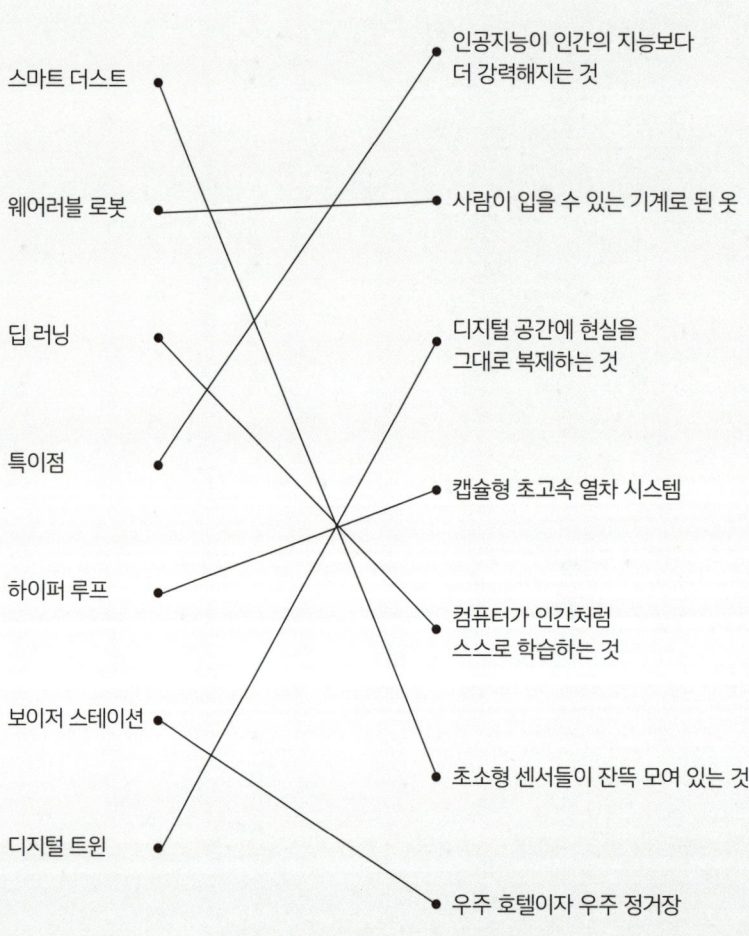

스마트 더스트	인공지능이 인간의 지능보다 더 강력해지는 것
웨어러블 로봇	사람이 입을 수 있는 기계로 된 옷
딥 러닝	디지털 공간에 현실을 그대로 복제하는 것
특이점	캡슐형 초고속 열차 시스템
하이퍼 루프	컴퓨터가 인간처럼 스스로 학습하는 것
보이저 스테이션	초소형 센서들이 잔뜩 모여 있는 것
디지털 트윈	우주 호텔이자 우주 정거장

2.

	¹디				¹일	론	머	²스	크
	지							마	
	털							트	
	²트	랜	스	휴	먼			시	
	윈							티	
	³사	물	인	터	넷		⁵자	판	⁴기
⁴하	이	퍼	루	프					후
	보								난
	그								민

3. ②

4. ④

5. ①

6. ③

7. ②

8. ④

9. 소피아, 2050

10. 돼지고기, 가축, 질소

11. 코카콜라, 인터넷

❖❖❖❖ 깊이 생각하기 ❖❖❖❖

1.
(예시 1)
기후 위기가 발생하기 전에 미리 경고하는 시스템을 만들어야 합니다. 가뭄, 홍수, 태풍, 산불 등이 발생할 조짐을 보이거나 가능성이 커지면 미리 대비하도록 알려주는 것입니다. 그리고 지구 온난화가 진행될수록 해충과 질병이 전 세계로 퍼지고 농작물도 파괴됩니다. 이러한 환경에 잘 적응할 수 있는 농작물을 개발해야 합니다.

(예시 2)
가축의 수를 줄여야 합니다. 전 세계 가축이 배출하는 온실가스는 전체 배출량의 14.5퍼센트를 차지합니다. 온실가스의 주범 중 하나인 질소 배출을 감소하기 위해 가축을 줄이는 것입니다. 대신 삼겹살, 치킨, 스테이크 등 많은 사람들이 좋아하는 고기를 만들기 위해 대체육과 배양육을 개발합니다.

❖❖❖❖ 더 나아가기 ❖❖❖❖

2.
(예시 1)
저는 디지털 트윈을 만들고 싶습니다. 학교에서 발표 수업이 있을 때 디지털 트윈으로 미리 시험해 볼 수 있으니까요. 그리고 내가 여행을 가거나 친구와의 약속으로 집에 없을 때 나 대신 부모님과 대화도 할 수 있을 것입니다.

(예시 2)
저는 디지털 트윈을 만들지 않을 것입니다. 이 세상에 나는 오직 하나뿐입니다. 그런데 가상 공간에 나와 똑같은 쌍둥이가 존재하고 나 대신 많은 일을 해준다면 언젠가 쌍둥이에게 나의 자리를 빼앗겨버릴지도 모르기 때문입니다.

참고 문헌 ———

박영숙·제롬 글렌, 《세계미래보고서 2035-2055》, 교보문고, 2020
아녜스 기요·장아르카디 메이에르, 이수지 역, 《인간과 똑같은 로봇을 만들 수 있을까?》, 민음인, 2006
레이 커즈와일, 김명남 역, 《특이점이 온다》, 김영사, 2007
이인식, 《나노기술이 세상을 바꾼다》, 고즈윈, 2010
레이 커즈와일·테리 그로스먼, 김희원 역, 《영원히 사는 법》, 승산, 2011
미치오 카쿠, 박병철 역, 《미래의 물리학》, 김영사, 2012
B. 잭 코플랜드, 이재범 역, 《앨런 튜링》, 지식함지, 2014
토니 세바, 박영숙 역, 《에너지 혁명 2030》, 교보문고, 2015
미치오 카쿠, 박병철 역, 《마음의 미래》, 김영사, 2015
김대식, 《인간 vs 기계》, 동아시아, 2016
박영숙·벤 고르첼, 엄성수 역, 《영원히 사는 법》, 더블북, 2016
전승민, 《휴보, 세계 최고의 재난구조로봇》, 예문당, 2017
정재승 외, 《십 대, 미래를 과학하라!》, 청어람미디어, 2019
미치오 카쿠, 박병철 역, 《인류의 미래》, 김영사, 2019
박영숙·앤디 리안·숀 함슨, 《블록체인 혁명 2030》, 교보문고, 2019
김상균, 《메타버스》, 플랜비디자인, 2020
김민준·정이숙, 《김민준의 이너스페이스》, 동아시아, 2020

이미지 출처 ———

미국항공우주국(https://www.nasa.gov/)
위키피디아(www.wikipedia.org)
freepik(www.freepik.com)
px(pixabay.com)
rawpixel(www.rawpixel.com)
Vecteezy(https://www.vecteezy.com/)

10대를 위한
세계미래보고서 2035-2055(사회탐구)

초판 1쇄 발행 2023년 1월 18일
초판 4쇄 발행 2025년 6월 3일

지은이 박영숙·제롬 글렌
펴낸이 허정도
편집장 임세미
책임편집 정혜림
마케팅 신대섭 김수연 배태욱 김하은 이영조 **제작** 조화연

펴낸곳 주식회사 교보문고
등록 제406-2008-000090호(2008년 12월 5일)
주소 경기도 파주시 문발로 249(10881)
전화 대표전화 1544-1900 주문 02)3156-3665 팩스 0502)987-5725

ISBN 979-11-5909-835-2(74500)
　　　979-11-5909-863-5(세트)
책값은 표지에 있습니다.

- 이 책의 내용에 대한 재사용은 저작권자와 교보문고의 서면 동의를 받아야만 가능합니다.
- 잘못된 책은 구입하신 곳에서 바꾸어 드립니다.